Wenn die Schokolade alle ist

WENN DIE SCHOKOLADE ALLE IST

Wege aus der Gier

Lama Thubten Yeshe

Herausgeber: Josh Bartok und
Nicholas Ribush

Übersetzung ins Deutsche:
Annette Wynne

Diamant Verlag München

Bibliografische Information der Deutschen Bibliothek
Die Deutsche Bibliothek verzeichnet diese Publikation in der Deutschen Nationalbibliografie; detaillierte bibliografische Daten sind im Internet über http://dnb.ddb.de abrufbar.

Titel des Originals: *When the chocolate runs out*
Erschienen bei: *Wisdom Publications, Boston*

ISBN 978-3-9813653-6-8

1. Auflage 2012

Übersetzung: Annette Wynne
Lektorat: Claudia Wellnitz
Layout: Traudel Reiß
Umschlaggestaltung: Eva-Maria Mehrgardt, Jörg Hoffmann
Druck, Buchbindung: Druckerei Pohland, Augsburg

Inhaltsangabe

Erlösung durch Schokolade • 9
Quellen der Unzufriedenheit • 13
Der Ursprung unserer Probleme • 19
Anhaften und Loslassen • 27
Das Ego drängt sich dazwischen • 37
Interpretationen, die die Wut erfunden hat • 45
Das Herz des Dharma • 51
Innere Psychologie • 59
Qualitäten des Geistes • 65
Warum meditieren wir? • 75
Bemühen und Erwartung • 87
Überprüfung anhand eurer eigenen Erfahrung • 91
Schlafen und Aufwachen • 99
Die unbestreitbare Tatsache von Karma • 105

»Meine Feinde sind verschwunden« • 119
Alle Wesen in gleicher Weise annehmen • 125
Ausgeglichenheit • 135
Wahre Wohltätigkeit • 139
Die Bedeutung von Leerheit • 141
Der Weisheitsgeist • 155
Zuflucht nehmen • 161
Über das Meditieren • 165
Eine Innere Revolution einleiten • 179
Nachwort • 185

Erlösung durch Schokolade

WIR LIEBEN SCHOKOLADE. Vielleicht so sehr, dass wir gewissermaßen glauben: »So lange ich Schokolade habe, bin ich glücklich.« Hier ist die Macht der Anhaftung am Werk. Und auf dieser Anhaftung basierend, erschaffen wir uns eine auf Schokolade fußende Philosophie und ordnen unser Leben so, dass Schokolade an erster Stelle steht. Aber manchmal kommen wir an keine Schokolade ran. Und wenn die Schokolade verschwindet, werden wir nervös und ungehalten: »Oh nein! Jetzt bin ich unglücklich!« Aber natürlich ist es nicht die Abwesenheit von Schokolade, die uns unglücklich macht; es sind unsere festgelegten Vorstellungen und die Tatsache, dass wir die Natur von Schokolade falsch erfassen.

Schokolade, wie auch all unsere Vergnügen und all unsere Probleme, ist vergänglich – Schokolade kommt, Schokolade geht, Schokolade verschwindet. Und das ist ganz natürlich. Wenn ihr das versteht, dann kann eure Beziehung zu Schokolade sich verändern, und wenn ihr das *zutiefst* versteht, werdet ihr wirklich keine Furcht mehr vor irgendetwas haben. Schlussendlich kann man sich auf Schokolade nicht verlassen. Schokolade ist nicht immer bei euch – wenn ihr sie wollt, ist sie nicht da, und wenn euch nicht danach ist, dann ist sie da, genau vor euch. Alle solchen vergänglichen Vergnügungen sind so – und wenn euer Streben nach Glück euch dazu bringt, dass ihr euch emotional an die Welt der Sinne klammert, werdet ihr so viel Leid erfahren – weil sich die Welt der Sinne nicht kontrollieren lässt, weil sich Vergänglichkeit nicht kontrollieren lässt.

Aber nicht verzagen! Eine andere Art von Glück steht euch zur Verfügung, eine tiefe, andauernde Freude stillen Erlebens, eine Freude, die von eurem eigenen Geist ausgeht. Diese Art Glück ist immer bei euch, immer vorhanden. Wann immer ihr sie braucht, ist sie da. Und ihr könnt dieses Glück entdecken, indem ihr euren Geist studiert. Das Betrachten und Erforschen eures Geistes ist wirklich sehr einfach, so einfach. Mit Übung könnt ihr zu jeder Zeit, wo ihr auch seid, dieses Glück erfahren.

Denn schließlich wollen alle Wesen glücklich sein. Die Sehnsucht nach Glücklichsein ist Antrieb für so vieles auf der Welt.

Von der Herstellung des winzigsten Stückchens Süßigkeit bis zum höchst entwickelten Raumschiff – die darunter liegende Motivation ist, Glück zu finden. Dem gesamten Verlauf der Menschheitsgeschichte liegt das ständige Streben nach Glück zugrunde oder, in gewissem Sinne, das Streben nach mehr und besserer Schokolade.

Natürlich wissen wir alle, dass es unmöglich ist, dauerhaftes Glück und Zufriedenheit durch Schokolade zu finden. Wir wissen, wo wir Schokolade finden können – aber was ist mit tiefem und dauerhaftem Frieden?

Ich hoffe, dass ich euch mit all dem Material, das nun folgt, Perspektiven und Werkzeuge – Weisheit und Methode – geben kann, die euch helfen, die Wurzel des Leidens zu verstehen und ein wahrhaft unzerstörbares Glück zu finden, ein Glück, das zu allen Zeiten zugänglich ist, an allen Orten, in jeder Lebenslage – sogar dann, wenn die Schokolade alle ist.

Quellen der Unzufriedenheit

Die Welt der Sinne allein kann den menschlichen Geist nicht zufrieden stellen.

WENN WIR ANGENEHME Gefühle haben, dann folgt daraus emotionales Anhaften, und wenn diese angenehmen Gefühle nachlassen, steigt heftiges Verlangen auf: der Wunsch, sie noch einmal zu erleben. Wenn wir die Erfahrung unangenehmer Gefühle machen, steigt Widerwille auf: Automatisch mögen wir sie nicht und wollen die unangenehmen Gefühle loswerden – und wieder verlieren wir unseren geistigen Frieden. Und wenn wir uns neutral oder gelangweilt fühlen, steigt Unwissenheit auf: Wir ignorieren, was gerade vor sich geht, und wollen die Wirklichkeit nicht sehen.

Die Natur dieses Geistes der Anhaftung, des Widerwillens und der Unwissenheit ist Unzufriedenheit.

Als ihr ein Kind wart, habt ihr vielleicht Eis, Schokolade und Kuchen geliebt und danach gelechzt und ihr dachtet: »Wenn ich groß bin, kann ich so viel Eis, Schokolade und Kuchen haben, wie ich will; dann bin ich glücklich.« Jetzt habt ihr so viel Eis, Schokolade und Kuchen, wie ihr wollt, aber ihr seid immer noch unzufrieden. Und so beschließt ihr, da dies euch nicht glücklich gemacht hat, nun Auto, Haus, Fernsehen, Ehemann oder Ehefrau zu erwerben, Kinder zu bekommen, einen guten Job – denn dann werdet ihr glücklich sein. Jetzt habt ihr all das, aber euer Auto ist ein Problem, euer Haus ist ein Problem, euer Mann oder eure Frau ist ein Problem, eure Kinder sind ein Problem. Euch wird klar: »Oh, dies ist nicht Zufriedenheit.«

Also sucht ihr nach einem Heilmittel für diese Unzufriedenheit. Aber auch wenn die moderne Medizin bestimmt helfen kann, physische Leiden zu lindern, wird sie nie in der Lage sein, den unzufriedenen, undisziplinierten Geist zu heilen. Keine Medizin, die wir kennen, kann Zufriedenheit bringen. Und selbst wenn ihr auf den Mond fliegt, könnt ihr euren Problemen nicht entrinnen.

Euer unzufriedener Geist folgt euch, wo immer ihr hingeht.

WIR SIND UNZUFRIEDEN mit uns selbst. Wir sind unzufrieden mit anderen, wir sind unzufrieden mit der Welt. Diese Unzufriedenheit ist wie ein Ozean.

Unser Problem ist, dass wir uns nicht so annehmen, wie wir sind, und dass wir andere nicht so annehmen, wie sie sind. Wir hätten die Dinge gerne anders, als sie sind, weil wir das Wesen der Realität nicht verstehen. Unsere oberflächliche Sichtweise, unsere festgelegten Meinungen und unsere falschen Vorstellungen hindern uns zu sehen, wer wir in Wirklichkeit sind und wie wir existieren.

Wir müssen lernen zu erkennen, dass wir all unsere menschlichen Probleme selbst erschaffen. Wir sollten nicht die Gesellschaft dafür verantwortlich machen, wir sollten nicht Mutter und Vater oder unseren Partnern oder unseren Vorgesetzten oder unseren Freunden die Schuld dafür geben; wir sollten niemand anderem die Schuld zuschreiben.

Und genau, wie wir uns all unsere Probleme selbst erschaffen, genauso sind wir auch Schöpfer unserer eigenen Befreiung, unserer Freude und all dessen, was gebraucht wird, um die glückselige Befreiung zu erlangen, die hier und jetzt enthalten ist in dem Körper und

Geist, den wir genau in diesem Moment haben.

Meditation entlarvt den Glauben, dass Zufriedenheit von äußeren Umständen abhängt, als falsch.

MEDITATION BRINGT ZUFRIEDENHEIT in unseren unzufriedenen Geist und lässt die Meinung oder den Glauben zerplatzen, dass Glück allein von äußeren Umständen abhängt.

Wenn ihr spirituelle Prinzipien richtig versteht und euch dementsprechend verhaltet, dann findet ihr viel mehr Zufriedenheit und einen Sinn in eurem Leben.

Der Ursprung unserer Probleme

Habt ihr euch wirklich schon mal das Konzept »mein Problem« genau angeschaut?

WENN IHR IN EINER SITUATION SEID, in der es euch seelisch nicht so gut geht, dann richtet eure Aufmerksamkeit doch lieber mal darauf, wie in eurem Geist das Nicht-gut-Fühlen entstanden ist, anstatt euch in das Gefühl »Ah, geht's mir schlecht« hineinzusteigern.

Unsere Probleme sind unsere eigene Schöpfung.

WENN JEMAND euch verprügelt, regt ihr euch sehr auf und seid sofort wild entschlossen, etwas dagegen zu tun. Aber bedenkt dabei

Folgendes: Der sorgenvolle Geist des »meine Probleme, meine Probleme, meine Probleme« verprügelt euch Tag für Tag, Woche für Woche, Monat für Monat, Jahr für Jahr – ja sogar ein Leben nach dem anderen – und ihr sitzt einfach träge dabei und hofft darauf, dass es von allein besser wird.

Warum nicht aktiv werden?

Kehrt machen und den Problemen ins Gesicht sehen lohnt sich weit mehr als sie zu ignorieren oder zu versuchen, vor ihnen davonzulaufen. Ihr habt diese anderen Dinge ja schon alle ausprobiert, das ist kein neues Abenteuer, es ist der gleiche alte Trip. Ihr geht, ihr versucht etwas Neues, ihr geht, ihr versucht etwas Neues ... und immer so weiter. Allein in diesem Leben seid ihr der Anhaftung auf so vielen Trips gefolgt und nie hat das zu dauerhaftem Glück geführt.

Es ist viel wichtiger, die Wurzel aller Probleme auszureißen, als unsere Zeit mit der Lösung der oberflächlichen, emotionalen Schwierigkeiten zu verbringen. Wenn wir uns dauernd mit unseren persönlichen Scheinproblemen beschäftigen, beendet das nicht unser chronisches problembehaftetes Erleben; es tauscht lediglich ein Problem, das wir gelöst zu haben glauben, mit einem neuen aus.

Neue Probleme ersetzen alte, aber sie sind nach wie vor Probleme, weil das Grundproblem bleibt. Das Grundproblem ist wie ein Ozean; die Probleme, die wir zu lösen versuchen, sind nur die Wellen.

Ein Problem in ein anderes sublimieren löst gar nichts; es ist nur ein Auswechseln.

Wenn wir Probleme erfahren, seien sie innerlich oder äußerlich, macht unser engstirniger, ungeübter Geist sie nur noch schlimmer.

Wenn jemand sich kratzt, weil die Haut juckt, fühlt er vorübergehende Erleichterung und denkt, dass das Kratzen geholfen hat. In Wirklichkeit hat das Kratzen es schlimmer gemacht. So sind wir; wir tun immer das Gleiche, jeden Tag, das ganze Leben lang.

In diesem Moment mögt ihr vielleicht denken, ihr hättet gerade kein Problem, aber ihr seid dennoch nicht problemfrei – ihr seid euch nur gerade nicht bewusst, was in eurem Geist vor sich geht. Ihr seid in einer sehr gefährlichen Situation. Ich will euch keine Angst machen, ihr müsst euch aber bewusst sein, dass da etwas in eurem Geist nur darauf lauert herauszukommen.

Gedanken an sich machen Schwierigkeiten, wenn ihr euch in die von ihnen verursachten Probleme verstrickt. Überprüft und untersucht, wie eure Gedanken euch Schwierigkeiten machen.

Legt weniger Wert auf die oberflächlichen Gefühle und das Erlebnis oder Sinnesobjekt, das sie herbeigeführt hat. Stattdessen schaut tief in euren Geist, da könnt ihr feststellen, was wirklich dieses Gefühl aufsteigen lässt.

Wenn ihr dann die eigentliche Wurzel eurer Probleme versteht, verschwinden sie von ganz alleine.

Der Ort, an dem die Probleme existieren, ist der Geist.

Die Wurzeln des Leidens, die wahren Wurzeln all unserer Probleme, sind im Geist – und das ist eine gute Sache, denn es bedeutet, dass der Ort, wo wir uns mit den Problemen befassen können, auch in unserem Geist ist.

Alle Probleme der Welt können auf ein Gefühl des »Nicht-ganz-Seins« zurückgeführt werden.

So viele unserer Schwierigkeiten entstehen, weil wir uns abgeschnitten fühlen von etwas, das wir brauchen. Wir fühlen uns nicht ganz und wenden uns daher an andere Menschen in der Erwartung, dass sie uns mit den Qualitäten versorgen können, die uns vermeintlich fehlen.

Alle Probleme dieser Welt, angefangen bei den Ängsten eines einzelnen Menschen, bis hin zum Krieg zwischen Nationen, kann auf dieses Gefühl des Nicht-ganz-Seins zurückgeführt werden.

Ihr tragt Verantwortung für eure eigenen Probleme und auch für eure eigene Befreiung oder Erleuchtung.

Wir lernen vom Leiden, von Problemen, indem wir uns klar machen, woher es kommt und was genau es ist, das uns leiden lässt. So kommt es, dass für jene Suchenden, die das Wesen der inneren Wirklichkeit erforschen,

Probleme tatsächlich eine *Hilfe* sind. Von Problemen lernen gibt uns mehr Energie, größere Weisheit und tiefere Verwirklichungen.

Und so könnt ihr, wann immer Schwierigkeiten oder Probleme auftauchen, in ihnen das Geschenk, das ihr bekommt, erkennen anstatt nur depressiv zu werden. Ihr denkt dann: »Fantastisch. Wenn dieses Problem nicht aufgetaucht wäre, dann hätte ich mich womöglich problemfrei gefühlt. Dieses Problem ist mein Lehrer; alle Probleme sind mein Lehrer. Sie helfen mir dabei, die Natur der Anhaftung klarer zu erkennen. Wie wunderbar! Ja, mögen in der Tat jetzt im Moment die Probleme aller Wesen ausschließlich in mir reifen, und mögen diese Wesen stattdessen all mein Verdienst, mein Glück und meine Weisheit erhalten.«

Ihr braucht nichts Äußerliches zu verändern; nur in eurem Geist müsst ihr etwas verändern.

Meditation ist ein Weg, der euch hilft, stark genug zu werden, euch euren Problemen zu stellen, statt vor ihnen wegzurennen. Sie erlaubt es euch, eure Probleme anzuschauen und euch auf geschickte Art und Weise mit ihnen zu beschäftigen.

Anhaften und Loslassen

EGAL WIEVIEL von irgendetwas ihr bekommt, niemals wird es euer Verlangen nach mehr und Besserem befriedigen. Dieses unablässige Verlangen ist Leiden; seine Natur ist emotionaler Frust.

Ihr könnt selbst überprüfen, dass die Wirkungsweise von Anhaftung albern ist.

BETRACHTET EINMAL FOLGENDES: Stellt euch vor, wir seien in einem Raum und ein Freund komme mit einem leckeren Kuchen herein. Er gibt ihn aber nur einer Person im Raum, die dann genüsslich vor unseren Augen den Kuchen verspeist und nichts abgibt.

Jetzt sind wir beleidigt, oder? Wir sind jetzt

total neidisch und verärgert. So tickt unser Geist. Anstatt uns an der Freude eines anderen Menschen zu erfreuen – »Ist er nicht liebenswürdig? Er hat dieser Person einen köstlichen Kuchen von sonst woher gebracht. Ich wünsche wirklich, dass er ihr schmeckt.« – fühlen wir uns verletzt, dass wir zu kurz gekommen sind. Überprüft die Psychologie dahinter. Oberflächlich sieht es aus, als ob unsere Reaktion nur mit dem Kuchen zu tun hat, aber wenn wir tiefer hineinschauen, dann finden wir heraus, dass unser Geist tatsächlich denkt: »Ich will, dass ICH glücklich bin. Ich will nicht, dass SIE glücklich wird.«

Wenn ihr das klar erkennt, dann hat eure Anhaftung nicht mehr so viel Macht über euch.

Habt ihr dann die Energiekraft der Anhaftung als solche identifiziert, folgt automatisch ein reiner Gedanke – die Art Gedanke, die den Weg zur Befreiung anzeigt. Strengt euch dabei nicht an: »Ich will reine Gedanken! Ich muss sofort einen reinen Gedanken haben!« Klammert euch nicht an dieses Habenwollen. Schaut euch aber ganz genau den Vorgang an, durch den Anhaftung bestimmte Vorstellungen in eurem Geist erschafft; reine Gedanke stellen sich dann ganz von selbst ein. Und wenn reine Gedanken entstehen, wird euer Leben von selbst positiv.

Macht euch zutiefst vertraut mit dem Anhaftungstrip, mit der Einstellung, die die Anhaftung begleitet und wie der Geist der Anhaftung die Dinge interpretiert, und ihr werdet sehen, dass euer Leben viel leichter und euer Geist zahmer wird.

Sogar wenn ihr eurem Land entflieht und in einer Höhle im Gebirge sitzt, kommt die Anhaftung mit. In keinem Fall könnt ihr sie zu Hause lassen.

Dem Geist der Anhaftung nachgeben ist so, als ob ihr aus Dankbarkeit Niederwerfungen macht vor jemand, der droht, euch mit einem Messer umzubringen. Das ist genauso absurd, wie wenn ihr zu eurer Anhaftung nett seid.

Entscheidet euch ein für alle Mal, euch nicht mehr vor der Anhaftung zu verbeugen.

Um euer Leiden zu beenden, braucht ihr nicht all eure Besitztümer aufzugeben. Behaltet sie ruhig; sie sind es nicht, die euer Leben schwierig machen. Ihr seid ruhelos, weil ihr euch an eure Besitztümer und Vergnügungen mit Anhaftung klammert.

Nun lauft nicht gleich los und schmeißt all eure Möbel auf die Straße: »Lama Yeshe hat gesagt, ich habe zu viel Anhaftung! Es ist also besser, ich werd' mein ganzes Zeug los!«

Manche Leute glauben, es sei falsch, Spaß und Freude zu haben. Im Gegenteil, da ist nichts Falsches dran. Was aber falsch ist, ist die verworrene Art, mit der wir nach diesen Vergnügungen greifen und sie von einem Quell der Freude zu einem Quell des Schmerzes und der Unzufriedenheit machen.

Genießt euer materielles Leben, so sehr ihr könnt, versteht aber gleichzeitig das Wesen eurer Freude – die halluzinatorische, vergängliche Natur sowohl des Objekts, an dem ihr euch erfreut, als auch des Geistes, der diese Freude erfährt und wie die beiden miteinander verknüpft sind. Dadurch entwickelt ihr die Entsagung, die auf einer vernünftigen Einschätzung der eigentlichen Natur von Vergnügungen und deren Objekten basiert. All das tiefer zu verstehen ist der wahre Sinn und Zweck von Religion.

Ein wahrhaft reicher Mensch ist der, der einen zufriedenen Geist hat. Der Reichtum an Zufriedenheit kommt von Weisheit, nicht von äußerlichen Dingen.

Wenn ihr wahrhaft frei seid vom Geist der Anhaftung, dann könnt ihr sehen, dass euch eigentlich nichts wirklich gehört.

Die Realität sieht so aus, dass ihr an jeder Vorstellung hängt, die euch gut erscheint. Aber auch wenn die Belehrungen auf eurem spirituellen Weg in der Tat gut sind, solltet ihr versuchen, sie ohne Anhaftung zu praktizieren.

Es ist möglich, erleuchtet zu werden ohne es zu wollen. Die Hauptsache ist, nicht zu sehr zu klammern. Wenn ihr euch mit Anhaftung an die Vorstellung von Erleuchtung klammert, kann sie negativ statt positiv werden. Versucht unbedingt frei zu sein, aber tut es einfach mit bewusstem und korrektem Verhalten, mit Achtsamkeit, die sich von Moment zu Moment der Handlungen eures Körpers, eurer Sprache und eures Geistes bewusst ist.

Ihr könnt Anhaftung nicht beenden, indem ihr eine radikale Abwehrhaltung kultiviert.

WENN ANHAFTUNG AUFKOMMT, ist da zunächst das Ego. Der Irrtum fängt mit dem Ego an; Anhaftung folgt darauf. Die Vorstellungen unseres Ego bauen eine Projektion von »Ich« auf und malen diese halluzinierte Projektion mit einer Schicht von Eigenschaften an. Wenn dann das *Ich* – oberflächlich, künstlich und eine Illusion – sich die Vergnügungen der Sinneswelt anzuschauen beginnt, kriegen gewisse Objekte das Etikett »begehrenswert« angepappt. Von hier aus entsteht dann Anhaftung, die an diesen attraktiven Objekten klebt oder sich daran klammert. So entwickelt sich – kurz und bündig ausgedrückt – die Anhaftung.

GRUNDSÄTZLICH sind wir nicht nur überaus offen gegenüber jedwedem intellektuellen Müll, der unseren Weg kreuzt, wir tragen sogar ein riesiges »WILLKOMMEN-Schild« vor uns her.

Es ist ganz wichtig zu erkennen, dass die Worte anderer eure eigene Wirklichkeit nicht verändern können – es ist unnötig, mal gut aufgelegt, mal unten zu sein, wenn ihr gelobt oder kritisiert werdet. Dieses Rauf und Runter geschieht aufgrund eurer Anhaftung, eures klammernden Geistes, eurer starren Vorstellungen. Prüft nach, ob ihr Klarheit darüber erlangt habt.

Betrachtet mal folgende Geschichte: Einmal wurde im Kloster köstlicher Joghurt ausgegeben und ein Stück weiter in der Reihe saß ein gewisser Yogi. Als der Joghurt laut in die Schalen der Mönche vor ihm reingeschlabbert wurde, saß er da und machte sich Sorgen: »Die geben diesen Mönchen zu viel! Für mich bleibt da nichts mehr übrig.« Plötzlich wurde ihm bewusst, was sich da gerade in seinem Geist abspielte, also meditierte er darüber, wie kraftvoll doch Anhaftung ist und wie sie Fantasien erschafft, die nichts mit der Realität zu tun haben. Dann drehte er seine Schale um. Als der Mönch, der das Essen ausgab, zu seinem Platz kam, sagte der Yogi: »Nein danke, ich hatte meins schon.« Dieses Beispiel zeigt, wie man ein Gegenmittel zu Anhaftung praktiziert.

ES WÄRE WUNDERVOLL, könntet ihr erkennen, dass euer eigenes Anhaften die Ursache für jedes einzelne Problem ist, das ihr erlebt.

BEFREIUNG BEDEUTET, einen Geist zu haben, der über Anhaftung hinaus reicht, der jenseits des dualistischen Geistes steht – und es bedeutet, dass euer Herz nicht länger gefesselt ist vom unkontrollierten, ungezähmten, unzufriedenen Geist, nicht mehr gebunden durch Anhaften. Wenn ihr die absolute Natur eures

Geistes realisiert, befreit ihr euch von Zwang und ihr könnt Freude finden ohne Abhängigkeit von Sinnesobjekten.

Die Dharma-Praxis ist eine Methode zum vollständigen Loslassen von Anhaftung.

Die Erfahrung eines Honigatoms auf eurer Zunge ist viel kraftvoller als Jahre des Zuhörens und Erklärens seiner Süße. Egal wie viel ich euch erzähle über die wundervolle Süße von Honig, ihr werdet weiterhin denken: »Hmm, vielleicht stimmt es, vielleicht aber auch nicht.« Die Wahrheit des unzerstörbaren Glücksgefühls der Befreiung ist so.

Das Ego drängt sich dazwischen

GANZ EINFACH GESAGT, ist das Ego die irrige Auffassung, dass euer Selbst unabhängig, beständig und inhärent existierend ist. In Wirklichkeit ist das »Ich«, an das ihr glaubt, nicht existent. Es ist sehr wichtig, dass ihr diesen Glauben genau anschaut und seht, was er ist: eine Halluzination, die in Wirklichkeit keinerlei Wurzeln hat.

Was ihr glaubt, ist machtvoll, und falsche Glaubensvorstellungen halten auf Dauer sehr effektiv falsche Ansichten lebendig. Oft glauben die Menschen, dass man nicht gut leben kann, keinen Job findet oder überhaupt etwas zustande bringt, wenn man nicht eins mit seinem Ego ist. Ihr denkt, wenn ihr euer Ego verliert, dann verliert ihr eure Persönlichkeit, euren Verstand, eure menschliche Natur. Das ist eine gefährliche Täuschung – dass ihr Ego nicht von Geist unterscheiden könnt, Ego von Leben. Bitte macht euch darum keine Gedanken.

Wenn ihr die Ego-Täuschung durchschaut, werdet ihr tatsächlich sehr glücklich sein – glücklich auf eine Art, die nicht von Ursachen und Bedingungen abhängig ist.

Das Ego ist ein mentales Konzept, kein physisches Ding. Natürlich manifestieren sich Symptome von Ego-Aktivitäten nach außen, zum Beispiel wenn jemand voller Ärger ist und sein Gesicht und Körper seine wütenden Schwingungen widerspiegeln. Aber der Ausdruck auf seinem Gesicht und die Haltung seines Körpers sind nicht die Wut selbst; sie sind nur Symptome der Wut. Ebenso ist das Ego nicht seine externen Manifestationen, sondern ein mentaler Faktor, eine psychische Haltung. Man kann es von außen nicht sehen.

Wenn ihr die Halluzination des aus-sich-selbst-heraus-existierenden, unabhängigen »Ichs« wahrnehmt, dann akzeptiert ihr augenblicklich auch die Existenz des *Anderen*. Dieses *Andere* kommt euch dann als völlig getrennt von euch vor. Gäbe es aber kein *Ich*, gäbe es auch kein Erscheinungsbild vom *Anderen*. Wenn man sich dies vorstellt, ist projizierte Getrenntheit die Quelle dieser leidenden Welt, von Samsara.

Unwissenheit führt zu Ego.

Das Konzept eines Ego ist unser größtes Problem, der König aller Probleme; andere Emotionen sind wie seine Minister, aber das Ego ist der König. Wenn ihr über das Ego hinausgeht, verschwindet auch das ganze Kabinett der anderen Selbsttäuschungen.

Unser Ego-Geist betrügt uns dadurch, dass er seinen eigenen halluzinierten Blick auf die

Wirklichkeit auf uns projiziert, und wir urteilen dann »gut« oder »schlecht« auf der Basis dieser Halluzination. Unser Ego zeichnet eine falsche Projektion auf ein Objekt und Anhaftung zieht ohne Zögern nach.

Die Energiekraft des Ego bricht ohne Erlaubnis in unseren Geist ein. Auch wenn ihr nicht wollt, dass sie eindringt, erzwingt sie sich ihren Weg hinein. Wenn jemand in euer Haus eindringen sollte ohne anzuklopfen, wärt ihr wirklich verstört, oder nicht? »Was fällt Ihnen ein? Sie haben nicht mal angeklopft!«

Und selbst wenn eure engste Freundin einfach reinkommt, ohne zu klopfen, habt ihr wahrscheinlich etwas dagegen. Ist es dann nicht absurd, dass ihr, wenn die machtvoll negative Energiekraft des Ego uneingeladen hereinstürzt, sagt: »Willkommen Ego. Bitte komm' rein. Wie geht's denn so? Eine Tasse Tee vielleicht? Kann ich was für dich tun? Möchtest du Schokolade haben?«, statt etwas gegen sie zu tun.

Wenn das Ego hereinstürzt, dann beobachtet es einfach, macht keine Verbeugung vor ihm und bedient es nicht. Rennt nicht schreiend weg in die andere Richtung, schaut ihm nur genau ins Gesicht und versteht, woher es kommt und was es euch befiehlt zu tun. Haltet ihm stand mit Weisheit. Stellt euch Ego-Problemen mit Weisheit. Es ist unnötig zu denken: »Mein Geist ist komplett dominiert vom Ego – ich bin so ein schlechter Mensch!« Macht euch nicht nieder. Seid stattdessen froh, dass ihr versteht, was passiert. »Ah, verstehe. Das Ego ist reingeplatzt. Ich weiß alles über diesen alten Trick!« Wenn ihr euer Ego mit dem Weisheitsauge anschaut, verschwindet es von ganz allein.

Beschliesst ein für alle Mal: »Ich hab's satt, Sklave meines Ego zu sein. Mein Ego beherrscht meinen Geist, und auch wenn es mir ununterbrochen nichts als Scherereien macht und mir keinerlei Pause gönnt, verbringe ich dennoch mein ganzes Leben als sein Sklave. Mein Geist ist ständig in Aufruhr wegen meines Ego. Ab jetzt werde ich nicht mehr der Sklave meines Ego sein!«

Wir beginnen unsere Meditationssitzungen mit Verbeugungen – ein Grund dafür ist, unser Ego damit ein bisschen zu nerven. Das kommt daher, dass egozentrischer Stolz die Dinge sehr oberflächlich anschaut und gar nie das Wesen der Wirklichkeit erkennt.

Wenn wir uns niederwerfen, werfen wir uns nicht vor den materiellen Dingen auf dem Altar nieder, sondern erweisen dem wahren Verständnis, der wahren Weisheit unsere Ehrerbietung.

Der stolze Geist ist wie eine Wüste;
nichts kann wachsen in einem Geist,
der voller Stolz ist.

EUER EGO WILL IMMER RECHT HABEN und eure Anhaftung erschafft sich ihre eigene Lebensphilosophie.

Interpretationen, die die Wut erfunden hat

Anhaftung ist die Quelle von Wut.

EINIGE LEUTE GLAUBEN, dass man Wut loswird, indem man sie auslebt, dass man sie beendet, indem man sie rauslässt. Genau genommen passiert Folgendes in diesem Fall: Ihr hinterlasst einen Abdruck in eurem Geist, der euch nächstes Mal wieder wütend werden lässt, und leidet mehr, sowohl jetzt als auch wenn jener Abdruck wieder hervorkommt. Es sieht so aus, als hättet ihr euch durchs Rauslassen vom Ärger befreit, aber tatsächlich sammelt ihr einfach noch mehr Wut in eurem Geist an. Die Abdrücke, die die Wut in eurem Bewusstsein hinterlässt, verstärken lediglich eure Tendenz, auf Situationen mit noch mehr Wut zu antworten.

Das heißt aber nun auch nicht, dass ihr rigoros vorgehen sollt und sie unterdrücken sollt, dass ihr sie sozusagen in euch hineinfressen sollt.

Anstatt sich in Wut zu verfangen, sie automatisch auszuleben, möchte ich euch ermuntern, Wut als Wut anzuerkennen und zu verstehen, dass sie schlicht und einfach auftaucht aufgrund von Ursachen und Bedingungen. Wenn ihr euch über diese Dinge klar seid, frisst sich euer Ärger selbst auf, anstatt sich nach außen hin zu manifestieren.

Ärger entsteht wegen unserer Interpretationen.

Betrachtet Folgendes: Nehmen wir an, ihr habt ein Einzelkind. Wenn es Blödsinn anstellt, wisst ihr, dass es Blödsinn anstellt, aber, da ihr es so sehr liebt, macht es euch nichts aus; ihr akzeptiert, was immer es tut. Wenn es Erziehung braucht, dann zeigt ihr ihm, wie es richtig ist. Aber da ihr euer Kind als schön und wundervoll seht, auch wenn es etwas tut, was es nicht darf, seid ihr eher motiviert, mit eurem Ärger zu arbeiten als dass ihr ihn an eurem Kind auslasst.

Klar ist natürlich, dass kein Mensch euer einziges Kind sein muss, damit ihr diese Ausnahme macht. Wenn ihr dahin kommt, den menschlichen Zustand und die menschliche Natur auf ihrer tiefsten Ebene zu verstehen, dann werdet ihr in der Lage sein, mit der Dummheit eines jeden lebenden Wesens im Universum umzugehen – gerade so, wie ihr euer eigenes ungezogenes Kind als schön und wundervoll seht, sogar mitten im Blödsinnmachen. So kann es auch sein, wenn andere dumm sind.

Wenn euer Sohn sich blöd benimmt, dann wisst ihr, dass er unter der Kontrolle seines oberflächlichen Geistes steht; seine Anhaftung folgt der eingeschränkten Betrachtungsweise seines Ego – genau wie euer eigener Geist oft eurem eigenen Ego folgt. Ihr wisst, dass er, genau wie ihr selbst, nicht wirklich dümmlich vom Ego kontrolliert sein will, aber er wird von seinem unkontrollierten Geist psychologisch da hinein gedrängt. Er hat keine Freiheit. Aber, eher als dass dies euch wütender macht, empfindet ihr nur noch mehr Mitgefühl für dieses arme, dumme Geschöpf, das so unterdrückt von Ego und Anhaftung, so komplett zerquetscht am Boden liegt.

Wenn euer eigenes Kind in diesem Dilemma steckt, müsst ihr euch nicht extra sagen: »Oh, ich sollte sehr hart daran arbeiten, Mitgefühl zu erzeugen.« Es kommt automatisch. Weil ihr die menschliche Natur versteht, löst sich der Ärger auf und Mitgefühl entsteht spontan; ihr müsst keins von beiden künstlich erzwingen.

Die tief gehende Wurzel der Negativität liegt innerhalb eures eigenen Geistes, aber damit sie sich manifestieren kann, ist normalerweise eine Interaktion mit einer mitwirkenden Bedingung aus der Umwelt nötig, wie andere Menschen oder die materielle Welt.

Wir ziehen in unserem Wahn den Schluss, dass die Probleme außerhalb von uns sind – und werden, da wir uns in unserer Verwirrung verlieren, auf andere wütend.

Das Herz des Dharma

Wenn ihr denkt, Dharma praktizieren bedeute einfach nur, neues Gedankengut zu erlernen, dann wäre es besser für euch, an einer Zuckerstange zu lutschen.

MACHT EUCH GANZ KLAR: Es ist sehr gefährlich, sich mit den intellektuellen Ausführungen zum Dharma zufrieden zu geben und es nicht zu praktizieren. Ein intellektuelles Verständnis allein kann euch nicht helfen.

Worte sind nicht die Wirklichkeit;
Ideen sind nicht die Wirklichkeit.

VIELE PROFESSOREN UND GELEHRTE, die eingestehen, dass sie nicht praktizieren, können ausführlich über alle Aspekte buddhistischer Philosophie sprechen; fragt sie etwas, und sie können antworten. Aber ihre Erklärungen sind oberflächlich. Wenn ein erfahrener Praktizierender redet, haben seine Worte eine gesegnete Energie. Er mag über das gleiche Thema wie die Gelehrten sprechen, aber so, wie er sich ausdrückt, berührt das eure Herzen. Worte von Personen ohne Erfahrung sind hohl wie der Wind, der um eure Ohren pfeift.

Es erfordert Mut, sich den spirituellen Wirklichkeiten des Lebens zu stellen.

IHR BRAUCHT AN GAR NICHTS ZU GLAUBEN, um Dharma zu praktizieren. Geht einfach weise mit euch um und versucht, die wahre Quelle der Zufriedenheit zu finden. Letztendlich hat der Buddha eben dies gelehrt.

Der Buddhismus legt sehr viel Wert auf die eigene Erfahrung, das heißt Dharma-Methoden in die Tat umzusetzen und dann festzustellen, welche Wirkung sie auf unseren Geist haben. Helfen diese Methoden? Ist eine Veränderung in eurem Geist eingetreten, oder ist er immer noch so unkontrolliert, wie er schon immer war? Der Buddhismus funktioniert so, dass er euch Ideen vermittelt, die ihr dann in eurer eigenen Erfahrung überprüfen könnt, um zu erkennen, ob sie wahr sind. Und diese Methode der Überprüfung des eigenen Geistes nennt sich Meditation.

Der Buddha sagte selbst: »Glaube ist unwichtig. Glaubt nicht, was ich sage, nur weil ich es sage.« Das waren die letzten Worte vor seinem Tod. »Ich habe schon viele verschiedene Methoden gelehrt, weil es so viele verschiedene Individuen gibt. Bevor ihr sie übernehmt, bedient euch bitte eurer Weisheit, damit ihr sicher seid, dass diese Methoden eurer psychischen Veranlagung, eurem eigenen Geist, entsprechen. Wenn meine Methoden sinnvoll scheinen und für euch gut sind, dann übernehmt sie auf jeden Fall. Aber wenn ihr sie nicht nachempfinden könnt, lasst die Finger davon, auch wenn sie sich wundervoll anhören mögen. Dann wurden sie eben für jemand anderen gelehrt.«

Eines der Kennzeichen des Buddhismus ist, dass man nicht sagen kann, dass jeder etwas Bestimmtes tun sollte, jeder so oder so sein sollte; es kommt ganz auf das Individuum an. Glaubt bloß nicht, dass der Buddha nur eine Sache lehrte. Der Buddhismus enthält tausende und abertausende Methoden der Meditation, die alle gelehrt wurden, um den verschiedensten Neigungen und Voraussetzungen der unendlich vielen einzelnen Lebewesen zu dienen.

Wenn ihr Buddhas Belehrungen kompliziert findet, dann deswegen, weil ihr sie so gemacht habt.

Weil der Buddha auf vielen verschiedenen Ebenen Belehrungen gegeben hat, die dem jeweiligen Geist seiner vielen Studenten angepasst waren, hat er selbst gesagt, dass seine Belehrungen manchmal widersprüchlich zu sein scheinen: »Ich sage manchen Studenten: ‚Dies ist grün'; anderen sage ich: ‚Dies ist rot.' Es kommt darauf an, was das jeweilige Individuum braucht. Daher möchte ich auch nie, dass meine Anhänger sagen: ‚Dies ist richtig, weil der Buddha es gesagt hat.' So zu handeln, wäre vollkommen falsch.«

Der Buddhismus lehrt euch, ein tiefes Verständnis von euch selbst und all den anderen Phänomenen zu bekommen. Dementsprechend braucht man für die eigentliche buddhistische

Meditation auch keine materiellen Objekte; das Einzige, was zählt, ist euer Geist.

KLEBT NICHT AN IRGENDWELCHEN IDEEN, auch nicht an denen des Buddha oder Dharma. Setzt einfach euer Dharma in die Tat um; praktiziert so viel ihr könnt. Wenn ihr das tun könnt, wird euer Leben wunderbar. Daher betont das Dharma experimentelles Weisheitswissen stets mehr als irgendeine dogmatische Ansicht.

DER BUDDHISMUS GLAUBT NICHT DARAN, dass man andere Menschen unter Druck setzen kann: »Jede und jeder sollte meditieren lernen! Jede und jeder sollte Buddhist werden!« Das ist grundsätzlich dumm. Menschen bedrängen ist nicht weise.

Wenn ihr wirklich jemandem etwas beibringen wollt, müsst ihr warten, bis dieser Mensch dazu bereit ist. Wenn der Geist eines Menschen nicht bereit ist, solltet ihr nicht versuchen, diesem Menschen eure religiösen Vorstellungen aufzuzwingen, egal wie sehr ihr von ihnen überzeugt seid. Das ist so, als gäbe man einem Sterbenden ein kostbares Juwel.

Wir dürfen niemals sagen, unser Weg sei der »einzige wahre Pfad«, dem alle folgen sollen.

Egal, was irgendjemand sagt – »Dharma ist gut«, »Buddhismus ist schlecht« – die absolut unzerstörbare wesenseigene Natur des Dharma bleibt davon unberührt. Niemand kann ihren Wert steigern oder schmälern.

Über Erleuchtung und tolle Erlebnisse zu fantasieren, aber kein Interesse an augenblicklichem Handeln oder den Methoden der Verwirklichung zu haben, ist völlig unrealistisch. Wenn ihr keine Methode habt, keinen Schlüssel, der die Tür zum Schatz der Weisheit öffnet, keinen Weg habt, auf dem ihr das Dharma in euer tägliches Leben bringen könnt, dann seid ihr besser dran mit Coca Cola. Das löscht zumindest euren Durst.

GLAUBE, DER AUF EINSICHT GRÜNDET, ist in Ordnung – wenn ihr etwas realisiert oder euch intellektuell über etwas im Klaren seid, dann folgt der Glaube automatisch – aber wenn euer Glaube auf irrigen Vorstellungen beruht, kann er leicht durch das Gerede von anderen zerstört werden. Ihr selbst müsst kristallklar werden, was Darma betrifft.

DAS WEISHEITSWISSEN, das durch die Dharma-Praxis kommt, ist keine Kultur von irgendjemandem. Es ist universelle Weisheitskultur.

Integriert eure Dharma-Erfahrung in euer ganzes Leben.

Innere Psychologie

Dem Buddha zufolge sollte jeder Mensch ein innerer Psychologe werden.

WENN IHR DAS DHARMA STUDIERT und lernt, wie man meditiert, seid ihr selbst dabei das Hauptthema. Wenn wir Dharma studieren, studieren wir uns selbst, die Natur unseres eigenen Geistes.

Um dich selbst zu befreien, musst du dich selbst kennen.

ES IST VIEL INTERESSANTER, eure innere Welt zu betrachten als Fernsehen zu schauen, und sicherlich lohnt es sich auch mehr. Hinzu kommt, dass ihr euch niemals langweilt, wenn ihr euren Geist mit Geschick und Weisheit betrachtet.

Die buddhistische Psychologie beschreibt sechs Grundemotionen, die den menschlichen Geist trüben, seinen Frieden stören und ihn ruhelos machen: Unwissenheit, Anhaftung, Wut, Stolz, verblendete und verzerrte Ansichten. Es ist hierbei wesentlich, nicht aus den Augen zu verlieren, dass dies alles mentale Haltungen sind und keine äußeren Phänomene.

Solange ihr euren eigenen Geist nicht kennt, wird euch eure falsche Vorstellung daran hindern, die Realität zu sehen.

Die westliche Sicht von Geisteskrankheit fasst den Begriff viel zu eng. Dem Dharma zufolge ist der Geist bereits krank, wenn er die Wirklichkeit nicht sieht und dazu tendiert, die Eigenschaften der Personen oder Objekte, die er wahrnimmt, entweder zu übertreiben oder zu unterschätzen – solch ein Geist verursacht immer Probleme.

WENN EUER NEGATIVER GEIST AUFTAUCHT, dann solltet ihr ihn genauer untersuchen, statt Angst vor ihm zu haben oder ihn zu verdrängen.

Macht etwas wirklich Sinnvolles und verarbeitet eure Emotionen mit Weisheit.

WENN IHR DIE WAHRE ENTWICKLUNG eurer mentalen Probleme erkannt habt, werdet ihr nie wieder anderen Lebewesen die Schuld für eure Gefühle geben. Diese Verwirklichung ist der Anfang guter Kommunikation und jeder wirklich respektvollen Beziehung.

WENN IHR DIE NATUR eures Geistes kennt, werden alle Lebewesen eure Freunde und eure Lehrer, anstatt Feinde und Unbekannte.

Wenn ihr jeden Aspekt eures eigenen Geistes genau betrachtet, wird euch das helfen, mehr ins Gleichgewicht zu kommen und alles viel klarer zu sehen – habt ihr hingegen nur eine Teilansicht von euch, so macht euch das unsicher. Je mehr ihr euch der Natur eures Geistes bewusst werdet, desto feinfühliger werdet ihr auch dem Geist anderer Menschen gegenüber.

Meditation hilft euch, euren Geist zu verstehen und ihn in Ordnung zu bringen.

Um ein Verständnis für die Totalität eures Seins zu erlangen, müsst ihr voller Mitgefühl eure negativen wie auch eure positiven Eigenschaften betrachten und nicht versuchen, sie zu verdecken, sie wegzufegen oder über sie hinwegzusehen.

Andererseits macht ihr euch euer Leben nur schwer, wenn ihr eine schlechte Meinung von euch habt, denn auch das ist kein wahres

Bild. Sobald ihr anfangt, euch zu akzeptieren, so wie ihr seid, beginnt eure Transformation – aber auch dann solltet ihr Bereiche bewusst wahrnehmen, in denen ihr noch kein Geschick entwickelt habt, in denen es Raum für Wachstum gibt.

Bringt eure guten Qualitäten auf vernünftige Art in euer Bewusstsein und versucht, dem Leben gegenüber eine positive Einstellung zu entwickeln. Mit all dem als Fundament seid ihr erfolgreicher, positiver und realistischer. Dies wird zu spirituellem Wachstum führen. So geht ihr einen sehr praktischen Weg.

VERSUCHT ANGEMESSEN ZU SEIN in eurem Wachstumsweg – und denkt ja nie, es sei zu spät.

Was ihr für schlecht haltet, ist schlecht für euch, weil euer Geist es schlecht nennt.

Was immer ihr als schön bezeichnet, als hässlich, wundervoll, schmackhaft oder aromatisch, ist nichts als eine Projektion eures konfusen Geistes. So wird Wirklichkeit für euch, was euer Geist glaubt, egal, ob es Wirklichkeit ist oder nicht.

Es ist nie zu spät, um achtsam zu werden

Hört ihr auf, auf eure eigenen Handlungen von Körper, Sprache und Geist zu achten und konzentriert euch stattdessen auf abgehobene Gedanken wie etwa »Was ist Buddha? Was ist Erleuchtung?«, wird eure spirituelle Reise nichts weiter als ein Traum, eine Halluzination.

Wir brauchen Gold nicht irgendwo da draußen zu suchen. Wir alle haben eine ergiebige Mine in unserem Inneren; wir müssen sie nur ausfindig machen.

• *Qualitäten des Geistes* •

Das Hauptanliegen des Buddhismus ist der Geist.

DIE ART UND WEISE, WIE WIR jeden Teil unseres Lebens erleben, wird beeinflusst von den Qualitäten unseres Geistes und von der Farbe der Filter unserer mentalen Einstellung.

Der Geist ist der Keim von Samsara und Nirvana.

RICHTIGE ABSICHT und eine allgemeine liebevolle Einstellung sind wesentlich, um ein glückliches Leben zu führen. Dementsprechend betrachtet bitte etwas wie den folgenden Text, der euch beim täglichen Ausrichten eurer Absicht helfen kann:

Für den Rest meines Lebens ist es meine Verantwortung, an Achtsamkeit und Glückseligkeit zu wachsen. Jeden Tag werde ich die liebende Güte, die ich sowieso schon habe, stärken, und jeden Morgen werde ich mein Weisheitsauge öffnen, mit dem ich mehr und immer tiefer in die innere umfassende Wirklichkeit hineinschauen kann. Ich übernehme Verantwortung für mein Leben und widme es anderen, indem meine liebende Güte und Weisheit immer mehr gestärkt werden. Ich werde anderen dienen, so viel ich kann.

Fasst den festen Entschluss, dass dies euer Lebensweg sein wird.

Bevor ihr anfangt zu meditieren, überprüft und kontrolliert eure Motivation. Tut ihr das, so wird eure Meditation viel leichter und sinnvoller, und euer rechtes Handeln wird Verwirklichungen hervorbringen. Es ist nicht nötig, hungrig nach Verwirklichungen zu greifen, nach dem Motto: »Oh, wenn ich dies tue, werde ich dann fantastische Verwirklichungen bekommen?« Seid einfach realistisch; seid geduldig.

Bringt nicht euren materialistischen Lebensstil in eure Dharma-Praxis – es funktioniert nicht.

ES GIBT DA EINE TIBETISCHE GESCHICHTE über einen berühmten Yogi namens Dromtöpa.

Einmal sah Dromtöpa einen Mann eine Stupa umrunden und sagte zu ihm: »Stupas umrunden ist ja ganz schön und gut, aber wäre es nicht besser, wenn ihr Dharma praktizieren würdet?« Dann ging er seines Weges. Der Mann war ein wenig verdutzt und dachte: »Vielleicht meint er, Stupas umrunden sei eine zu einfache Praxis für mich und ich sollte besser Texte studieren.« Also fing der Mann an, Texte zu studieren. Einige Zeit später sah Dromtöpa ihn sehr konzentriert heilige Bücher lesen und sagte: »Texte studieren ist ja ganz schön und gut, aber wäre es nicht besser, du würdest Dharma praktizieren?«, und wieder ging er weiter. Der Mann war noch verdutzter und dachte: »Was? Schon wieder? Mit mir muss was nicht stimmen.« Also fragte er überall nach: »Welche Praxis macht der Yogi Dromtöpa?« Eines erfuhr er, nämlich dass Dromtöpa unter anderem meditierte.

Also schlussfolgerte der Mann: »Dromtöpa meditiert. Er meint dann wohl, dass auch ich meditieren soll.« Einige Zeit später traf Dromtöpa ihn wieder und fragte: »Was machst du so zur Zeit?« Der Mann sagte: »Ich habe viele Meditationen in letzter Zeit gemacht.« Dann sagte Dromtöpa zu ihm: »Meditation ist ja ganz schön und gut, aber wäre es nicht besser, du würdest Dharma praktizieren?« Jetzt war der Mann total verzweifelt und blaffte: »Dharma üben! Dharma üben! Ich führe Rituale durch, studiere heilige Texte, widme mich ernsthaft der Meditation. Was meinst du denn eigentlich mit ‚Dharma praktizieren'? Wie könnte ich noch mehr tun?«

Da antwortete der große Yogi Dromtöpa: »Wende deinen Geist von der Anhaftung an das weltliche Leben ab.«

DER KÖRPER IST NICHT DER GEIST, DER GEIST IST NICHT DER KÖRPER, aber die beiden haben eine sehr spezielle Verbindung.

Folglich sage ich den Menschen, sie sollen sich nicht bestrafen, weder physisch noch psychisch, sondern schlicht glücklich und vernünftig sein und ihren Körper so gesund wie möglich erhalten.

WIE SIEHT DIE GESCHICKTE HERANGEHENSWEISE der Menschen aus, die ernsthaft daran interessiert sind, ihr höchstes Potenzial zu verwirklichen? Einfach ausgedrückt, bedeutet es, den Geist ständig in einer möglichst zufriedenen und friedlichen Verfassung zu halten.

Die Kontinuität eurer geistigen Energie gleicht in etwa dem Strom, der aus einem Generator durch die Drähte fließt und eine Lampe zum Leuchten bringt. Von dem Moment der Empfängnis an läuft geistige Energie unaufhörlich durch – sich wandelnd, sich verändernd, sich wandelnd – und wenn ihr das erkennen könnt, könnt ihr leichter verstehen, dass euer Geist eine frühere Kontinuität hat. Wenn ihr dies begreift, ist es eine Hilfe für geschickteres Handeln in der Gegenwart – und das wiederum führt zu mehr Zufriedenheit.

Der Geist ist sehr mächtg. Er braucht daher eine feste Führung. Genau wie ein kraftvolles Flugzeug einen guten Piloten braucht, sollte der Pilot eures Geistes die Weisheit sein, die seine wahre Natur versteht.

Es gibt zwei Aspekte der Natur des Geistes, den relativen und den absoluten.

DER RELATIVE ASPEKT IST DER GEIST, der wahrnimmt und in der zeitlichen Welt funktioniert. Wir nennen diesen Geist auch dualistisch, und wegen seiner, wie ich es nenne, »dies/das Wahrnehmung«, ist er völlig aufgewühlter Natur. Jedoch könnt ihr durch Transzendieren des dualistischen Geistes eure Sichtweise nicht-dual werden lassen. Dann realisiert ihr die absolute wahre Natur des Geistes, die komplett jenseits von Dualität liegt.

Auch wenn du in der Meditation ein völliges Einssein mit deinen Gedanken erlebst, seid ihr beide, du und dein Gedanke, nicht das Gleiche. Obwohl auf der absoluten Ebene Einheit besteht, gibt es, relativ gesehen, einen Unterschied.

»Dies« und »das« erscheinen immer zusammen, wenn wir es mit der zeitlichen Welt in unserem täglichen Leben zu tun haben; so können wir sagen, dass es immer zwei Dinge gibt. Das Erscheinen zweier Dinge schafft immer Probleme. Es ist wie bei Kindern – eins allein ist Ok, zwei zusammen bringen immer Zoff. Ähnlich klammert sich unser Geist an diese Ansicht, da unsere fünf Sinne die Welt interpretieren und dualistische Informationen an unseren Geist senden. Und das verursacht automatisch Konflikte und Aufruhr. Und dies ist das genaue Gegenteil der Erfahrung von innerem Frieden und Freiheit.

SELBST WENN IHR DIE LETZTENDLICHE Natur des Geistes nicht erfasst, aber seine relative Natur versteht, dann kann euch niemand durch sein Gerede auf die Achterbahn schicken.

Sogar mit dieser eher oberflächlichen Ebene von Verständnis entdeckt ihr ein gewisses Maß an Wahrheit in euch.

WIR KÖNNEN POSITIVE GEISTESZUSTÄNDE mit ruhigem Wasser und verblendete Geisteszustände mit turbulentem kochenden Wasser vergleichen. Wenn wir die Natur von kochendem Wasser untersuchen, werden wir feststellen, dass trotz der Turbulenzen jedes einzelne Tröpfchen noch klar ist. Das Gleiche gilt für den Geist: Ob er ruhig oder durch die Komplexität dualistischer Ansichten zu blubberndem Kochen gebracht wurde, es hilft, sich in Erinnerung zu rufen, dass die grundlegende Natur des Geistes klar, bewusst und letztendlich befreit ist.

Warum meditieren wir?

ES IST ÜBERAUS WICHTIG zu wissen, wie wir effektiv, geschickt und mit Güte agieren: Die richtige Methode lernen ist das Wichtigste, ist der Schlüssel zu jeder Religion. Im Buddhismus ist Meditation die Hauptmethode, um zu entdecken, wie man richtig handelt.

Anhaftung ist das Problem.
Meditation ist die Lösung.

WIR KÖNNEN NICHT HOFFEN, unser Ziel allumfassender und vollständiger Glückseligkeit zu erreichen, wenn wir uns systematisch unser Leben durch immer mehr asketische Praxis oder Selbsthass vermiesen. Das widerspricht der tatsächlichen Funktionsweise der Dinge.

Nur durch das Kultivieren kleiner Erfahrungen der Gelassenheit und Zufriedenheit im Jetzt können wir unser letztendliches Ziel von Frieden und Ruhe in der Zukunft erlangen.

Was wir brauchen, ist eine wirkungsvolle Methode, um uns mit dieser Quelle verbinden und sie dann nutzen zu können, damit wir nicht nur uns selbst, sondern auch allen anderen vollkommene Glückseligkeit geben können. Für dieses Ziel müssen wir mit der Gewohnheit brechen, unsere Lebenserfahrungen mit einem armseligen Geist zu verknüpfen, an den wir durch unsere armseligen Projektionen gewöhnt sind.

Mir ist aufgefallen, dass die Menschen, die in ihrem Leben sehr unheilsam gehandelt haben, oft die Erfolgreichsten sind, wenn sie sich spirituellen Dingen zuwenden.

Euer Leiden kann in Brennstoff für die Befreiung umgewandelt werden.

Wenn wir mit unserem Leben etwas Positives bewirken wollen – Zufriedenheit finden, Glückseligkeit und Freude statt Depression und Elend – wenn wir das Gefühl, dass unsere Wesensnatur nur negativ ist, überwinden wollen und aus unserem Leben etwas Nützliches für alle Lebewesen machen wollen, brauchen wir eine Methode, die mindestens so kraftvoll ist wie die endlos verwirrten, materialistischen Energien, in denen wir so oft gefangen sind. Philosophische Gedanken, mögen sie noch so großartig sein, sind einfach nicht stark genug, um uns aus unseren gegenwärtigen Krisen herauszuhelfen. Für sich genommen sind solche Gedanken so substanzlos wie Wolken; sie mögen auf den ersten Blick überzeugend aussehen, aber sie verdunsten schnell und lassen uns so hilflos und unglücklich zurück wie vorher. Wir brauchen etwas Aktives, etwas Kraftvolles, etwas Direktes – was wir brauchen, sind die Werkzeuge der Meditation.

Meditation an sich ist Weisheit.

Wenn ihr in eine meditative Praxis eintretet, mag es anfangs sehr schwierig scheinen. Entmutigende Gedanken tauchen gern und häufig auf: »Wie kann ich denn meditieren? Ich bin neu hier und weiß nichts über Meditation. Und dann habe ich so viel Negatives in meinem Leben bewirkt; ich bin ein ganz schlechter Mensch: Wie kann so jemand wie ich überhaupt je hoffen, Verwirklichungen zu erlangen?« Diese Art zu denken ist vollkommen falsch.

Ihr könnt gar nicht wissen, welche Ebene von Verwirklichung ihr erreichen könnt, wenn ihr euch nicht bemüht.

Weil euer Geist im Moment verdunkelt ist, kennt ihr euer wahres Potenzial nicht. Wenn ihr euer Bestes gebt, könnt ihr euch überraschen.

Wann immer negative Gedanken bezüglich eurer Fähigkeiten auftauchen, seid unerschrocken und denkt bei euch: »Ganz gleich, ob ich auf ganzer Linie erfolgreich bin oder nicht, ich werde zumindest versuchen, einige Erfahrungen zu machen.«

Es könnte sein, dass bei euren Meditationsversuchen viele Ablenkungen entstehen, aber doch plötzlich ein Potenzial heranreift: Ihr habt die überraschende Fähigkeit, enormen Nutzen aus den Instrumenten der Meditation zu ziehen.

IHR MÜSST LANGSAM UND ALLMÄHLICH voranschreiten, um diese Techniken in eure eigene Erfahrung zu integrieren. Ihr könnt nicht einfach am tiefen Ende reinspringen. Es dauert eine gewisse Zeit, und anfangs werdet ihr euch sicherlich schwer tun. Aber wenn ihr es ruhig angehen lasst, wird es im Laufe der Zeit immer einfacher.

Setzt euch niemals eine Obergrenze in Bezug auf das, was ihr erreichen könnt, egal, wie euer Leben bisher verlaufen ist.

SEINEN GEIST VERÄNDERN ist nicht das Gleiche wie ein Zimmer anmalen. Ihr könnt die Farbe eines Zimmers in einer Stunde verändern. Es dauert viel länger, eine Geisteshaltung zu transformieren.

VIELE LEUTE STELLEN SICH die Geisteskontrolle als eine Art engen, einschränkenden Zwang vor. In der Tat ist wahre Kontrolle ein natürlicher Zustand, der von Moment zu Moment entsteht, das schlichte Identifizieren von Anhaftung als Anhaftung, von Wut als Wut, Ego als Ego.

Unmittelbare Kontrolle des Geistes gibt es nicht.

Meditation lehrt uns, in unserem Inneren anzuschauen, wer wir sind, unsere eigene wahre Natur zu verstehen. Gleichwohl bedeutet buddhistische Meditation nicht zwangsläufig, dass ihr mit geschlossenen Augen in der Lotushaltung sitzen müsst. Wirkliche Meditation kann in jeden Aspekt eures täglichen Lebens gebracht werden.

Wenn ihr krank seid, nehmt ihr zur Heilung eurer Krankheit Medizin. Meditation ist ähnlich: eine Heilung für die Krankheit (ein unkontrollierter, undisziplinierter Geist) und eine Salbe für ihre Symptome (all die vielen Leidensarten, die wir erfahren). Und genau wie wir verantwortlich sind für unser eigenes Leiden, so tragen wir auch alleinige Verantwortung für die Heilung.

Wir haben die Zwänge hervorgebracht, in denen wir leben, und es liegt an uns, die Umstände für unsere Befreiung zu erzeugen.

NEUE METHODEN SIND NICHT ERFORDERLICH. Alle Methoden sind schon in der buddhistischen Tradition vorhanden; ihr müsst sie nur entdecken.

MIT WEISHEITSWISSEN kommt Veränderung ganz natürlich; ihr braucht euch nicht unter Druck zu setzen oder euch aufzupumpen. Der undisziplinierte, unkontrollierte Geist kommt auf natürliche Weise; auch sein Gegenmittel sollte das tun.

Ihr könnt eure innere Welt nie mit Gewalt verwandeln.

IN DER MEDITATION geht es nie darum, Gedanken und Verlangen zu unterdrücken; das ist unmöglich. Das wäre, als drücke man fest auf den Topfdeckel, um damit zu verhindern, dass das Wasser kocht. Die einzige vernünftige Herangehensweise ist Selbsttraining: Beobachtet eure Gedanken, aber folgt ihnen nicht. Wenn wir aufhören, unseren Gedanken zu folgen im Moment, da wir ihrer gewahr werden, dann berauben wir sie ihrer zwanghaften Energie; das ist so, als würden wir den kochenden Wassertopf von der Herdplatte nehmen.

**Wenn wir tief in die Meditation gehen,
vereinen wir unseren Geist und
integrieren unsere Erfahrung.**

EURE GLÜCKSERFAHRUNG IST BEGRENZT, weil ihr innerhalb des Rahmens der »Dualität« funktioniert. Wenn ihr diesen Rahmen sprengt, werdet ihr grenzenlose Freude empfinden.

Ob wir unsere Arme so herum zusammenlegen, oder unsere Beine hier herum überkreuzen, hat wenig Auswirkung – aber es ist äußerst bedeutsam zu überprüfen und zu verstehen, ob die Meditation – gleich welche wir praktizieren – ein wirksames Gegenmittel für unser Leiden ist.

Als gewöhnliche menschliche Wesen sind wir schön fest eingewickelt in Decken aus Verwirrung, in unsere Geschichten und Fehlannahmen über uns selbst und die Welt. Können wir irgendwie loslassen von diesen erstickenden Vorstellungen, dann können wir zu einer tiefen Dimension der Wirklichkeit durchdringen. Und dann geschieht, auch ohne dass wir irgendetwas Spezielles erwarten, plötzlich diese große Explosion an Erkenntnis, spontan und mühelos. Aber es nützt nichts, bloß über die Erfahrungen anderer zu lesen; wir müssen die Erfahrungen selbst kultivieren.

Seid euch in all eurem Tun der Aktionen von Körper, Rede und Geist bewusst. Auch dies ist Meditation.

AN EINEM GEWISSEN PUNKT ist ein Lehrer erforderlich. Falls ihr einen Rolls Royce kaufen wollt und bekommt stattdessen die Einzelteile, zusammen mit einem Montage-Handbuch, würdet ihr durchdrehen: »Was ist denn das? Wo ist mein Auto?« Ihr bräuchtet jemanden, der euch zeigt, wie man die Teile zusammensetzt. Genauso ist es mit Meditation. Wir brauchen jemanden, der uns zeigt, wie man alles im Innern unseres Geistes zusammensetzt.

Wenn die Zeit gekommen ist, triffst du auch deinen Lehrer.

SCHLUSSENDLICH sind der erste und der letzte Lehrer die Weisheit selbst.

Bemühen und Erwartung

Fantasiert nicht; seid realistisch.

IHR MÜSST NICHT DENKEN: »Wenn ich in diesem Leben richtig handle, zeigen sich vielleicht ein paar gute Auswirkungen in einem der nächsten Leben.« Erspart es euch, euch auf zukünftige Verwirklichungen zu fixieren.

Mit einem klaren Verständnis von Transformation kann uns alles, was wir tun, vierundzwanzig Stunden am Tag, unserem Ziel von Totalität und Selbsterfüllung näher bringen. Alle unsere Handlungen – arbeiten, essen, und sogar urinieren – können in unseren spirituellen Weg eingebracht werden. Sogar unser Schlaf, der üblicherweise in der Dunkelheit der Bewusstlosigkeit oder im Chaos der Träume verbracht wird, kann in die Klare-Licht-Erfahrung der subtilen, alles durchdringenden Weisheit verwandelt werden.

Ihr braucht nicht zu schuften;
es gibt eine sanftere Methode.

Erwartet nicht, dass etwas Großartiges passiert; erwartet nicht, gewaltige spirituelle Verwirklichungen zu erwerben.

Wenn euer Geist voller Erwartung ist und ihr fast zwanghaft nach höheren Verwirklichungen und spiritueller Macht greift, könnt ihr nicht ruhig und entspannt bleiben.

Ihr braucht keine Erwartung; habt ihr erst einmal euren Geist auf den rechten Weg gebracht, werden Verwirklichungen ganz von alleine kommen.

Die Kraft des Geistes ist unglaublich,
wahrhaft grenzenlos.

Unser Problem ist, dass unser Verstand ständig sagt: »Unmöglich, unmöglich, unmöglich! Ich kann das nicht, ich kann das nicht, ich kann das nicht.« Wir müssen diesen Geist aus diesem Sonnensystem verbannen. Irgendetwas ist möglich; alles ist möglich.

Manchmal haltet ihr eure Träume für nicht realisierbar, aber das stimmt nicht. Menschliche Wesen haben großes Potenzial; sie können alles.

Wenn ihr nichts versucht, könnt ihr keinen Erfolg haben; wenn ihr euch bemüht, könntet ihr euch selbst überraschen.

Überprüfung anhand eurer eigenen Erfahrung

FÜR DIE ANALYTISCHE MEDITATION, das Überprüfen des eigenen Geistes braucht ihr keinen starken Glauben; ihr braucht in der Tat an überhaupt nichts zu glauben. Überprüft die Dinge einfach anhand eurer eigenen Erfahrung: Bleibt in jedem Moment eures täglichen Lebens achtsam, voll bewusst dessen, was ihr tut und wie ihr es tut

Diese Art der Untersuchung ist ein durch und durch wissenschaftlicher Prozess.

MATERIELLE DINGE UNTERSUCHT IHR sowieso SCHON jeden Tag – jeden Morgen probiert ihr die Lebensmittel in eurer Küche aus, tagsüber probiert ihr die Waren im Laden aus, und abends testet ihr vielleicht einen Film – aber selten nur erforscht ihr euren Geist.

Ein Überprüfen mit unserem Geist ist äußerst wichtig.

Überprüft euer eigenes Potenzial, Leiden zu erzeugen oder es zu überwinden. Durch ein volles und tiefes Verständnis eurer psychischen Impulse könnt ihr dauerhafte Zufriedenheit und Freude entwickeln. Durch Nachprüfen könnt ihr Schlussfolgerungen ziehen; ohne Nachprüfen kommt ihr nie zu irgendwelchen Schlüssen und euer ganzes Leben wird lauwarm, unklar und ohne inneren Halt.

Das Überprüfen von Vorstellungen sollte nicht so oberflächlich sein wie eine Zollkontrolle am Flughafen. Der überprüfende Geist ist die durchdringende Weisheit, die bis zum eigentlichen Herzen aller Phänomene vordringt.

Überprüft tief und mit Weisheit.

WENN ICH EUCH SAGEN WÜRDE, Schokolade und Eis seien die einzigen Dinge, für die ihr lebt, würdet ihr mich für verrückt halten. »Nein! Nein!« würde euer überheblicher Geist sagen. Aber betrachtet einmal tiefer den Zweck eures Lebens. Warum seid ihr hier? Um gemocht zu werden? Um berühmt zu werden? Um Besitz anzuhäufen? Um für andere attraktiv zu sein? Überprüft das für euch selbst. Durch gründliche Prüfung könnt ihr erkennen, dass es vielleicht gar nicht so weit weg von der Wahrheit ist, zu sagen, ihr hättet euer Leben Schokolade und Eis verschrieben – und es macht die tiefe Bedeutung einer menschlichen Existenz vollständig zunichte. Übrigens haben Vögel und Hunde ähnliche Ziele: mehr von dem zu bekommen, was sie mögen, und nichts von dem, was sie nicht mögen.

Sollten eure Lebensziele nicht höher sein als die von Hühnern und Hunden?

WENN EUCH JEMAND TAG FÜR TAG verprügeln würde und ihr tätet nie etwas dagegen, würden eure Freunde euch für verrückt erklären, für eine Art untauglichen Dummkopf. Aber so sind wir, was das Bombardement durch unser Ego und unsere Anhaftung betrifft; von denen lassen wir uns Tag und Nacht verprügeln, Monat für Monat, Jahr für Jahr, und wir tun nichts. Wenn wir genau nachprüfen, werden wir uns deswegen ganz schön dumm vorkommen.

WENN IHR EUREN GEIST PRÜFT, solltet ihr euch keine Geschichten erzählen, mit denen ihr alles rationalisiert, oder die Dinge beiseiteschieben. Entspannt euch. Regt euch nicht auf, wenn Probleme entstehen. Seid euch nur bewusst, wo sie entstehen; erkennt ihre Wurzel. Macht euch bekannt mit dem Problem, grüßt es: »Hier ist diese Art von Problem. Hallo Problem.« Dann geht tiefer mit eurer Überprüfung: Wie ist es zu einem Problem geworden? Wie ist der Geist beschaffen, der es zu einem Problem gemacht hat? Welcher Art ist der Geist, der dafür sorgt, dass es ein Problem ist?

Wenn ihr euren eigenen Geist ordentlich prüft, hört ihr auf, anderen die Schuld für eure Probleme zuzuschieben.

LETZTENDLICH, wenn ihr nach und nach immer mehr und immer gründlicher mit selbstbeobachtendem Weisheitswissen weiterforscht, verschwindet der aufgewühlte Geist ganz von alleine. Irgendein launischer Gedanke entsteht in unserem Geist, und schon springen wir auf diesen Gedanken auf und handeln danach. Der nächste Gedanke kommt; wir springen auf und handeln entsprechend. So sind wir zwanghaft immer am Reagieren, ohne je etwas zu überprüfen.

Wenn ihr das nächste Mal emotional aufgewühlt seid, dann entspannt euch doch einmal und versucht, euch bewusst zu machen, was gerade in eurem Geist vorgeht, anstatt euch mit Geschäftigkeit abzulenken oder zu hoffen, dass es schon vorübergehen wird. Beobachtet, was auftaucht, und lasst es einfach geschehen, ohne zwanghaft darauf zu reagieren.

Um in einem Gebäude schnell nach ganz oben zu kommen, braucht ihr sowohl einen guten Aufzug als auch elektrische Energie; um das friedvolle Penthouse eures eigenen inneren Gebäudes zu erreichen, braucht ihr sowohl Weisheit als auch Methode.

Nachprüfen führt zu Weisheit,
und Meditation ist die Methode.

Ihr könnt nicht bestimmen, wie die Dinge für euch sein sollten. Die Dinge ändern sich ihrem eigenen Wesen nach. Wie könnt ihr verhindern, dass die Dinge, die ihr liebt, sich verändern? Prüft nach: Ihr werdet sehen, dass ihr es nicht könnt. Und wenn ihr das einmal wirklich erkannt habt, braucht ihr nicht länger zu versuchen, den Strom der Vergänglichkeit aufzuhalten.

Schlafen und Aufwachen

NACH EINEM BESONDERS anregenden Tag denkt ihr vielleicht: »Ich kann einfach nicht einschlafen. Was soll ich nur machen?« Der Geist wird in so viele Richtungen katapultiert vom Echo des Tages, das noch in eurem Gehirn widerhallt, dass ihr einfach keinen Schlaf findet. Meditation kann euren Geist fokussieren, wenn er in solch aufgewühltem Zustand ist und ihn derart beruhigen, dass ihr erholsam schlafen könnt.

MEISTENS schlafen die Menschen in einem unkontrollierten oder sogar gestörten Geisteszustand ein. Es ist viel besser, beim Einschlafen achtsam zu sein als zerstreut einzuschlafen. Es ist äußerst nützlich, vor dem Einschlafen zu meditieren, da euer gesamter Schlaf sich dann in Dharma-Weisheit verwandelt.

Wenn ihr euren Geist vorher konzentriert, ist es gewiss, dass ihr heilsam und erholsam schlaft.

Ihr solltet sorgfältig prüfen, welche mentalen Eindrücke vorherrschend sind, wenn ihr auf den Schlaf wartet. Ihr mögt sehr aufmerksam bei euren Aktionen den ganzen Tag über gewesen sein, aber wenn ihr schlafen geht ohne euren Geist zu prüfen, könnt ihr all die positive Energie vergeuden, die ihr tagsüber geschaffen habt.

Es ist auch deshalb nötig, friedlich schlafen zu gehen, weil der Traumzustand viel kraftvoller und effektiver ist als der Wachzustand. Ich sage das, da ihr sehr wohl meinen könntet, im Wachsein nur einer Sache Beachtung geschenkt zu haben, aber tatsächlich sind all eure anderen

Sinne dabei offen und reagieren auf die widersprüchlichen Eindrücke, die sie empfangen. Im Traum sind die fünf physischen Sinne – Sehen, Hören, Riechen, Schmecken und Fühlen – dagegen nicht aktiv. Seht ihr zum Beispiel etwas in eurem Traum, so geschieht das ausschließlich mit dem Auge eures Geistes und nicht mit eurem körperlichen Sehorgan. In Abwesenheit sensorischer Ablenkungen hat euer Geist dann viel mehr Energie und ist dann natürlich konzentriert und gelassen. So kann die Wirkung eines Traumes über das Sich-an-etwas-Klammern zum Beispiel viel stärker sein und einen tieferen Abdruck in eurem Geist hinterlassen, als wenn ein verirrter Gedanke des Anhaftens tagsüber in eurem Herzen entsteht.

Das Gleiche gilt natürlich, wenn ihr euch in euren Träumen auf einen Aspekt des spirituellen Pfades konzentrieren könnt.

Wenn wir morgens aufwachen, wo sind dann all die Leute und Dinge, die Schrecken und Freuden, von denen wir gerade noch geträumt haben? Wo kamen sie her? Und wohin sind sie gegangen?

Diese Traummenschen und Traumerlebnisse entstanden alle in unserem Geist; sie waren bloße Erscheinungen für diesen Geist. Sie waren nur so lange real, wie wir im Traumzustand blieben; für den erwachenden Geist am nächsten Morgen sind sie nichts als eine substanzlose Erinnerung.

Während wir schliefen, schienen sie so wahr zu sein, als wären sie wirklich da draußen, als konkret existierende Phänomene, ganz getrennt von uns. Wenn wir aber aufwachen, wird uns klar, dass sie lediglich die Projektionen unseres träumenden Geistes waren. Obwohl sie so real schienen, fehlt diesen Menschen und Dingen tatsächlich selbst ein einziges Atom an Selbstexistenz. Vollständig leer von jeglicher objektiver

Existenz – welcher Art auch immer – waren sie nur die Halluzination unserer Traumerfahrung.

Auf eine sehr vergleichbare Art ist alles, was wir während unseres Wachzustands erleben, einschließlich unseres starken Selbstgefühls, ebenso leer von wahrer Existenz.

Die unbestreitbare Tatsache von Karma

**Unser Ego greift nach der Sichtweise,
die wir nicht geprüft haben,
und unser Geist folgt einfach nach:
Diese gänzlich außer Kontrolle geratene
Situation nennen wir Karma.**

KARMA ist nicht mehr und nicht weniger als das, was ihr mit Körper und Geist empfindet. Das Wort selbst ist Sanskrit; es bedeutet »Ursachen und ihre Wirkungen«. Eure Erfahrungen mentalen und physischen Glücks oder Unglücks sind die Wirkungen gewisser Ursachen sowie Ursachen weiterer Wirkungen.

Eine Aktion erzeugt ein Resultat; das ist Karma. Sowohl östliche Philosophien als auch die Wissenschaft erklären, dass alles Materielle und alle Energien miteinander in Beziehung stehen; wenn ihr das verstehen könnt, begreift ihr auch, wie Karma funktioniert. Alle Erscheinungen, innere wie äußere Dinge, kommen nicht zufällig zustande; sie entstehen durch Ursachen und Bedingungen.

Die Energien aller innerlichen und äußerlichen Phänomene sind voneinander abhängig.

DIE ENERGIE EURES KÖRPERS steht in Beziehung zur Energie der Körper, des Geistes und der Lebensumstände eurer Eltern; deren Energie ist verbunden mit der der Körper, des Geistes und der Lebensumstände ihrer Eltern – und so weiter unendlich weit zurück, ebenso wie hinaus in alle Himmelsrichtungen. Diese Art Evolution ist Karma.

Wenn ihr so durch euer Leben geht – jeden Tag, in allem was ihr tut, andauernd – gibt es in eurem Geist eine konstante Kette von Ursachen und Wirkungen, Ursachen und Wirkungen; auch das ist Karma.

Die Wirkungsweise von Karma ist schlussendlich keine Frage des *Glaubens*. Egal wie oft ihr sagt: »Ich glaube nicht, dass ich eine Nase habe«, ist eure Nase eben doch da, genau zwischen euren Augen – ob ihr es glaubt oder nicht.

Karma ist keine theoretische Philosophie:
Es ist buddhistische Wissenschaft.

Ihr könnt ein klares Verständnis karmischer Aktion und Reaktion bekommen, indem ihr einfach mal eure Alltagserfahrungen analysiert. Wenn ihr aus Gier oder Wut heraus agiert, was geschieht dann? Wenn ihr aus Güte heraus agiert, was entsteht?

Die Gesetze von Karma funktionieren, ob ihr an sie glaubt oder nicht.

Wenn ihr auf eine bestimmte Art agiert, erfahrt ihr mit Sicherheit das entsprechende Ergebnis, genauso sicher wie ihr krank werdet, wenn ihr etwas Giftiges zu euch genommen habt – auch wenn ihr zutiefst glaubt, dass das Gift Medizin war. Sobald ihr das Karma erzeugt habt, das ein gewisses Ergebnis hervorbringt, die Ursachen und Bedingungen dafür, dann ist der Ausgang unvermeidlich. Karma ist ein Naturgesetz, das alle körperlichen und nicht-körperlichen Phänomene im Universum regiert. Es ist extrem wichtig, dass ihr das versteht.

Ihr könnt Karma nicht überlisten.

Kühe, Schweine und Skorpione haben keinen blassen Schimmer von Karma – keinen

Glauben in dieser oder jener Richtung – aber sie müssen dennoch ihr Karma erfahren.

EINFACH AUSGEDRÜCKT, sind unser unkontrollierter Körper und Geist und unsere unkontrollierte Sprache Manifestationen von Karma.

KARMA REINIGEN BEDEUTET, euren Körper, euren Mund und euren Geist zu überwachen. Versucht, diese drei Tore so rein wie möglich zu halten.

IN JEDER MINUTE führt ihr Hunderte karmischer Aktionen aus, und doch seid ihr euch kaum irgendeiner davon bewusst. In der Stille der Meditation jedoch könnt ihr eurem Geist zuhören, der Quelle all dieser Aktivität. Da lernt ihr, euch eurer Handlungen in weitaus größerem Umfang gewahr zu werden als je zuvor. Diese Eigenwahrnehmung führt zu Selbstkontrolle, die euch befähigt, euer Karma zu meistern, statt von ihm beherrscht zu werden.

Ihr könnt nur dann völlig offen sein, wenn ihr diszipliniert seid.

Wenn die negative Emotion schon bis an die Oberfläche gekocht ist, ist es wahrscheinlich besser, sie irgendwie zum Ausdruck zu bringen; aber wenn ihr sie in den Griff bekommt, bevor sie diese Ebene erreicht hat, so ist das vorzuziehen. Habt ihr allerdings keine Methode, mit starken negativen Emotionen umzugehen, und versucht, sie in euch hineinzufressen, kann es letztlich zu ernsthaften Problemen – etwa einem heftigen Wutausbruch – kommen, der wiederum dazu führen kann, dass jemand eine Waffe nimmt und Menschen erschießt.

Der Buddhismus lehrt, wie man diese Emotion mittels Weisheit überprüft und sie geistig durch Meditation verarbeitet, sodass die Emotion sich schlicht und einfach auflöst. Das Darstellen starker emotionaler Reaktionen nach außen hin hinterlässt einen äußerst tiefen Eindruck in eurem Bewusstsein. Diese Art Abdruck führt leicht dazu, erneut auf die gleiche schädliche Art zu reagieren, nur dass das zweite Mal oft noch machtvoller ist als das erste Mal. Dies setzt eine karmische Kette von Ursache und Wirkung in Gang, die solch negatives Verhalten lebendig erhält. Deswegen müsst ihr Geschicklichkeit und Urteilsvermögen im Umgang mit negativer Energie üben, müsst lernen, wann und wie ihr sie ausdrückt, und vor allem wissen, wie ihr sie frühzeitig erkennen und mittels Weisheit verarbeiten könnt.

Jede Erfahrung, die wir in unserem Leben haben, manifestiert sich von unserem Geist. Weil ihr euer Leben und eure Welt aus eurer geistigen Haltung heraus interpretiert, ist es wichtig, die richtige Motivation zu haben. Und nicht alle Motivationen sind gleichwertig.

In Tibet haben wir einen Ausdruck: »Der Junge, der seinen Vater tötet, hat immer einen Grund dafür.« Er kann euch einen Grund nennen, warum er seinen Vater getötet hat, deshalb wird die Sache aber noch lange nicht zu etwas Positivem.

Ethik ist die Weisheit,
die das Wesen des Geistes versteht.

Der Schlüssel zum Erkennen, ob eine Handlung richtig oder falsch ist, ist die Motivation dahinter, nicht die Handlung selbst. Wenn ihr motiviert seid von der Fürsorge für andere und nicht von Anhaftung an das Selbst, kann die Handlung rein sein oder positiv. Wenn ihr von Anhaftung motiviert seid, wird sie unrein oder negativ.

Es ist eure Verantwortung zu wissen, ob etwas richtig oder falsch ist.

Handelt nie, ohne zu wissen, ob eure Motivation heilsam oder unheilsam ist.

In den meisten Fällen wird aus unkontrollierter Wut heraus getötet, auch wenn es zur Selbstverteidigung geschieht, daher sind die karmischen Wirkungen immer schlecht. In einer extremen Lebenslage solltet ihr euch natürlich, so gut ihr könnt, schützen – aber bitte versucht es, ohne zu töten. Wenn ihr mich angreifen solltet, und ich könnte euch nur aufhalten, indem ich euch töte, dann wäre es meiner Meinung nach besser, mich töten zu lassen.

Wenn ihr Zuflucht nehmt zu Buddha, Dharma und Sangha, verpflichtet ihr euch vor allem dazu, euer Karma in Ordnung zu bringen.

Die Methode für die Stabilisierung von Karma ist Meditation. Ich denke, dies ist ein viel besserer und machtvollerer Weg, Bewusstheit für eure Handlungen zu entwickeln, als zwanghaft zu versuchen, einsgerichtete Meditation oder Achtsamkeitsmeditation zu praktizieren – wie viele Leute es heutzutage tun. Es ist lächerlich anzunehmen, der Versuch, Einsgerichtetheit des Geistes zu erlangen, sei der einzige Weg, Dharma zu praktizieren.

Ihr solltet ständig für jeden Aspekt eures Lebens Sorge tragen – Aufwachen, Arbeiten, Essen, Schlafen – und das mit Weisheit. Passt auf euer Karma auf, so gut ihr könnt. Auf diese Weise kann euer Leben genutzt werden, euch der Weisheit der Egolosigkeit näher zu bringen.

Tagein tagaus euer Karma beschützen ist ebenso Meditation und kann ein kraftvoller Weg sein, Einsicht zu entwickeln.

Im alten Indien gab es einen König, der seinen Vater tötete. Als ihm klar wurde, was er da getan hatte, wurde er von Reue überwältigt, er war völlig niedergeschlagen und beinahe unfähig zu denken. Schließlich wandte er sich ratsuchend an den Buddha, der ihm sagte: »Es lohnt sich, die Eltern zu töten.« Irgendwie wurde der König von diesen Worten wachgerüttelt, und sein Geist begann wieder, normal zu funktionieren. Er dachte tief nach über das, was der Buddha gesagt hatte, und erkannte schließlich, dass er Anhaftung und den verblendeten Geist töten solle. Denn diese sind es, die den leidenden Geist hervorbringen, der dann zum Mord führt. Am Ende verwirklichte dieser Mann, der seinen Vater getötet hatte, angespornt von dieser Erkenntnis, vollständige Befreiung.

Keine in der Vergangenheit begangene Untat ist so groß, dass sie uns davon abhalten könnte, noch in diesem Leben dauerhaften Frieden zu finden.

DAS KARMA, über das der Buddhismus spricht, bezieht sich auf unsere Reaktionen von Moment-zu-Moment, es ist ein Minute-zu-Minute Phänomen. Das Gleiche gilt für die Wiedergeburt. Wiedergeburt ist nicht etwas, das in der Zukunft stattfindet, irgendwann, nachdem ihr an Altersschwäche gestorben seid. Wiedergeburt geschieht immer, ständig – selbst jetzt, in diesem Moment.

AUCH WENN IHR PERSÖNLICH JEDEN auf der Erde umbringen würdet, gäbe es keine dauerhaft existierende Hölle, die auf euch wartet und in der ihr für immer und ewig leidet. So etwas gibt es nicht, auch wenn ihr alle fühlenden Wesen tötet. Es gibt kein beständiges Leiden.

WENN LEUTE ÜBER DAS BÖSE SPRECHEN, hört sich das immer an, als käme es von außerhalb ihrer selbst. Es gibt kein Böses von außerhalb.

Das Böse ist nichts anderes als die Manifestation von Ego und Anhaftung. Wollt ihr die buddhistischen Worte für »böse« hören? Sie heißen Ego und Anhaften.

Das tatsächlich Böse ist der negative Geist, der Böses nach außen projiziert.

DAS BÖSE IST EINE PROJEKTION EURES GEISTES. Wenn das Böse existiert, dann in euch selbst. Da draußen ist nichts Böses zu befürchten. Die Dinge ändern sich ständig; dauerhaft Böses ist vollkommen nicht-existent.

ES GIBT KEINEN TROSTLOSEN ORT, der euch erwartet, keinen Höllenbereich, der da hockt und wartet wie Alaska – der darauf wartet, euch in Eiscreme zu verwandeln. Aber egal wie ihr es nennen wollt – Hölle oder die Leidensbereiche – es ist etwas, in das man hineingerät, indem man sich eine ganze Welt neurotischer Fantasien erschafft und sie auch noch für real hält. Es hört sich simpel an, aber genau das passiert.

Die Hölle existiert nicht aus sich selbst heraus; der negative Geist erfindet sie.

Auch Nirvana existiert nicht aus sich selbst heraus. Es ist kein Ort, an den man geht, oder ein Preis, den ihr gewinnen könnt. Dauerhaftes Glück ist in euch, innerhalb eurer Psyche, eures Bewusstseins, eures Geistes. Deshalb ist es so wichtig, dass ihr die Natur eures eigenen Geistes erforscht.

Spart euch das Greifen nach einer Freude, die sich irgendwann mal ergeben könnte. So lange ihr in jedem Moment dem Pfad des richtigen Verständnisses und des richtigen Handelns folgt, so gut ihr könnt, wird das Ergebnis unmittelbar sein, gleichzeitig mit der Handlung.

»Meine Feinde sind verschwunden«

ES GAB EINMAL EINEN TIBETISCHEN YOGI, der zu sagen pflegte: »Als ich noch Dieb war, machte ich mich, bis zu den Zähnen bewaffnet mit Messern, Speeren und Pfeilen, tagsüber ans Ausrauben und nachts ans Stehlen und nahm mir, was mein Ego und mein Anhaften wollten. Damals waren überall Feinde und ich war immer auf der Suche nach Sinnesvergnügungen. Dann wurde ich Mönch, änderte mein Leben und die Art, wie ich meinen Verstand gebrauche, und jetzt müssen die Sinnesfreuden sich untereinander darum balgen, wer überhaupt meine Aufmerksamkeit bekommt und meine Feinde sind verschwunden – ich sehe nun jeden als meinen Freund an.«

Niemand betrügt euch – außer ihr selbst.

Was immer eure Gründe sein mögen, eure Gefühle des »Ich mag ihn, ich mag sie nicht« sind total unlogisch. Sie haben aber auch gar nichts mit der wahren Natur des Subjekts oder des Objekts zu tun. Indem ihr die Menschen so beurteilt, seid ihr wie eine Person, bei der zwei besonders durstige Leute an die Tür kommen und um Wasser betteln. Ihr sucht willkürlich einen von beiden aus – »Sie da, kommen Sie bitte rein!« – und weist den anderen ab – »Und Sie, gehen Sie wieder.«

Es gibt keinen Grund, den psychologischen Unterschied zwischen Feind und Freund zu machen, indem man dem Freund mit größter Anhaftung hilft und den lästigen, Streit suchenden Feind voller Abneigung aufgibt.

Eure Konflikte mit anderen sind das Ergebnis eurer fanatischen, festen Vorstellungen von Gut oder Schlecht.

Wenn wir die notwendige mentale Disziplin entwickelt haben und wenn wir uns ausreichend unserer inneren Geschehnisse bewusst geworden sind, dann gibt es keinen Grund mehr, warum wir nicht nur noch solche Gedanken wählen und ausdrücken sollten, die uns und anderen Zufriedenheit bringen. Die ganze Welt mag sich gegen uns erheben, aber wenn die Fähigkeit zu wählen, wie wir unseren Geist benutzen, gut entwickelt wäre, könnten wir immer noch jeden als unseren Freund ansehen und uns nicht voller Angst und Hass wegducken müssen.

Zorn begegnet man am besten mit Liebe.

Ihr wisst, wie wütend ihr werdet, wenn ihr euch auf eine vergnügliche Verabredung freut, und euer Freund lässt euch sitzen. Ihr fühlt euch dann betrogen: »Das war's! Ich will ihn nie mehr sehen!« Aber er hat euch nur einmal betrogen. Die zwei Abteilungen von Ego und Anhaftung betrügen euch schon länger, als ihr euch vorstellen könnt – Tage, Nächte, Wochen, Monate, Jahre, euer ganzes Leben lang, zahlreiche Leben lang – und ihr wollt immer noch mit ihnen befreundet sein. Das ist so, als ob ihr euer Haus abschließt und einen Dieb drinnen lasst. Ihr müsst erkennen, dass euer wirklicher Feind, der Feind, der eure Glückseligkeit stiehlt, der innere Dieb ist, der da drinnen in eurem Geist – genau der, an dem ihr seit anfangloser Zeit liebevoll festhaltet.

Die einzige Ausrüstung, die ihr braucht,
um äußere wie innere Feinde zu besiegen,
ist aufrichtige Liebe.

WENN in eurem eigenen Geist alles rein und klar ist, kann euch niemand Hindernisse in den Weg legen.

Alle Wesen in gleicher Weise annehmen

OFT WÄHLEN WIR nur ein winziges Ding. Ein kleines Atom, ein einzelnes Lebewesen und denken: »Dies ist das Richtige für mich; dies ist das Beste, das einzige Objekt der Liebe und des Mitgefühls.« Diese Erde enthält unzählige Atome, ihr aber erwählt euch nur eines: »Ich liebe dieses Atom. Ich liebe mein Atom wirklich. Was das andere da angeht, bin ich mir nicht sicher.« So tickt euer Geist.

Wir haben extreme Wertvorstellungen. Wir übertreiben krass den Wert dessen, was wir mögen, und erzeugen Geringschätzung für alles Restliche. Dies ist nicht gut für euch, nicht gut für euren geistigen Frieden.

Versucht, völlig wach zu sein, anstatt zwanghaft von nur einem einzigen Atom besessen zu sein. Umarmt das Ganze anstatt Teilstücke.

WAS WIR ÜBLICHERWEISE WIRKLICH MEINEN, wenn wir sagen »Ich liebe dich«, ist: »Ich hänge an dir.« Gewöhnliche Liebe ist eng, kleingeistig und launisch.

Anhaftung und aufrichtige Liebe sind komplett verschieden in ihrer Natur.

IHR KÖNNT BEGINNEN, AUSSERORDENTLICHE LIEBE zu entwickeln, indem ihr anerkennt, dass jegliches Glück und jede Wohltat, die ihr jemals erfahren habt, von anderen gekommen ist.

Als ihr geboren wurdet, kamt ihr ohne irgendwelche Habseligkeiten aus dem Schoß eurer Mutter. Eure Eltern gaben euch Kleidung, Milch, Betreuung und Aufmerksamkeit. Jetzt, wo ihr erwachsen seid, habt ihr Kleidung und vieles andere. Woher kam all das? Es kam von der Anstrengung anderer fühlender Wesen. Vielleicht denkt ihr, es kommt von eurem Geld. Geld kann man aber nicht anziehen. Wenn andere Menschen nicht den Stoff gemacht hätten, hättet ihr keine Kleidung. Der Kuchen und die Schokolade, die ihr euch schmecken lasst, sind ebenfalls das Resultat der Mühe anderer. Hätten sie sich nicht Mühe beim Kuchenbacken gegeben, hättet ihr keinen. Das Gleiche gilt für all eure anderen samsarischen Genüsse; alles kommt von anderen fühlenden Wesen, davon, dass andere Menschen es euch geben.

Ohne den ständigen Strom von Wohltaten anderer könntet ihr nicht leben.

Mit dem Ziel, alle Wesen gleichermaßen anzunehmen, versuchen wir, als gleich zu erkennen, was schon längst gleich ist. Wir versuchen, die Verzerrung der Nicht-Gleichheit, die

Ego und Anhaftung projiziert haben, zu überwinden. Diese Projektion lässt uns die zwei Extreme – heftige Begierde einerseits und intensive Ablehnung andererseits – erfahren.

Universelle Liebe wächst langsam, stetig, allmählich.

BODHICITTA IST DAS HERZ, das alle Wesen gleichermaßen annimmt, mit dem tiefen Wunsch, ihnen allen von Nutzen zu sein, damit auch sie frei werden können.

MEDITATION KANN GLÜCKSELIGKEIT ENTSTEHEN LASSEN, aber denkt nicht, dass diese innere Erfahrung von Glückseligkeit irgendwie selbstsüchtig ist. Je mehr wir innerlich zufrieden sind, desto mehr Zufriedenheit können wir anderen geben.

Verfangen wir uns aber andererseits so im Streben nach einer Erfahrung der Glückseligkeit, dass wir das Wohlergehen anderer und die Entwicklung von Bodhicitta vernachlässigen, können wir auf keinen Fall jemals erfolgreich in unserer Praxis sein. Bei der gesamten Praxis auf dem buddhistischen Weg geht es darum, von maximalem Nutzen für andere zu sein.

Wenn ihr Bodhicitta in eurem Herzen entwickelt habt, dann werden alle guten Dinge im Leben magnetisch von euch angezogen und ergießen sich mühelos über euch – wie Regen.

Sich um alle Wesen kümmern ist eine dringende Angelegenheit.

Was wäre, wenn eure liebe Mutter in einem lodernden Feuer gefangen wäre? Ihr würdet euch nicht zurücklehnen und sagen: »Lass' sie brennen. Ich habe jetzt keine Zeit, sie da rauszuholen. Ich mach's später.« Natürlich würdet ihr sofort alles stehen und liegen lassen, egal wie wichtig es scheint, und würdet sofort zu ihrer Rettung herbeieilen. Wir müssen alle Wesen als unsere Mutter ansehen – und sie stecken tatsächlich in der Falle und brennen im Feuer falscher Anschauungen und Negativitäten. Wir dürfen damit nicht träge umgehen! Wir müssen jedes Handeln transformieren – Essen, Schlafen, Arbeiten – in Dharma-Weisheit.

Aber wir sind träge, nicht wahr? Unser unreiner Geist lässt uns unser Leben so verbringen, als ginge es immer nur darum, in guter Gesellschaft Kaffee zu trinken: »Lasst meine Mutter brennen – ich hole sie aus dem Feuer, sobald ich mit meinem Vergnügen fertig bin.« Natürlich sagen wir diese Worte nicht, aber unser inneres Gefühl, jenseits von Worten, reflektiert diese Haltung. Seid vorsichtig; wir verhalten uns oft so.

Dennoch brauchen wir nicht allzu emotional deswegen zu werden. Wenn ich euch zu voll pumpe, werdet ihr überspannt und wollt euch nur noch in die Berge zum Meditieren zurückziehen oder herumrennen und predigen, dass jeder und jede Buddhismus praktizieren sollte, so wie ihr selbst. Das wird dann zu einem Problem.

Es ist viel besser, ruhige, einsichtsvolle Weisheit zu entwickeln und allmählich Bodhicitta zu kultivieren.

Wenn ihr anfangt, Bodhicitta zu verwirklichen, werdet ihr viele Wege finden, wie ihr anderen fühlenden Wesen helfen könnt. Habt ihr das Gefühl, nichts Nützliches zu tun und keinem fühlenden Wesen helfen zu können, dann seid ihr höchst unklug. Wenn ihr euch nur um eure eigenen Probleme sorgt, wird euch das immer begrenzter machen. Ihr werdet euch in dieses »Ich habe so viele Probleme ... dies Problem ... das Problem ... mein Problem ... mein Problem ... ich, ich, ich, mein, mein, mein«

hineinsteigern und somit in Unwissenheit bleiben, was die Probleme angeht, mit denen die fühlenden Wesen, die alle unsere Mutter waren, durch die Weiten des Raumes hindurch konfrontiert sind. Mit dieser Art zu denken entsteht kein Mitgefühl.

Gebt eurer kraftvollen geistigen Energie die Richtung, allen Wesen von Nutzen zu sein, anstatt sie unkontrolliert herumrennen zu lassen wie einen verrückten Elefanten, der euch und andere zerstört.

VIELE RELIGIONEN LEHREN die Bedeutung universeller Liebe, die Frage aber ist, wie man sie in sich selbst hervorbringt. Als erstes müssen wir einen ausgeglichenen Geist allen Lebewesen gegenüber entwickeln. Bevor ihr universelle Liebe erlangen könnt, müsst ihr eine ausgewogene Einstellung gegenüber allen Wesen im Universum haben.

Behandelt euch selbst, euren Geist,
mitfühlend, mit liebender Güte.
Wenn ihr sanft mit euch selbst umgeht,
werdet ihr sanft zu anderen werden –
also drängt nicht.

• *Ausgeglichenheit* •

WENN IHR DAS GEFÜHL von Ausgeglichenheit erlebt, so spürt ihr eine unglaubliche universelle Weite. Euer angespannter, engstirniger Geist wird vollkommen offen, weil er von den Extremen des Denkens hereingekommen ist auf den mittleren Weg. Euer Geist fühlt sich sehr behaglich und zum ersten Mal werdet ihr wahrhaft geistig gesund. Dies ist nicht bloß irgendeine Theorie; es ist lebendige Erfahrung.

Manchmal entstehen Ausgewogenheit und Weite in der Meditation, es ist aber viel wichtiger, diese Dinge in unserem täglichen Leben zu verwirklichen.

Eine tibetische Geschichte illustriert das Fehlen einer Verbindung zwischen intellektuellem Wissen und tief sitzender Gewohnheit und die Schwierigkeit, die wir damit haben, die Früchte unserer Meditation in die Praxis umzusetzen: Ein Mönch fragte einmal einen Mönchsbruder: »Was hast du in letzter Zeit so alles gemacht?«, und der Freund antwortete: »Ich habe viel über Gleichmut und Geduld meditiert.« Darauf sagte der erste Mönch: »Nun denn, du großer Geduldmeditierer, friss' Scheiße!« Sein Freund regte sich sofort fürchterlich auf und gab wütend zurück: »Friss' selber Scheiße!« Das zeigt, wie wir sind.

Meditation über Geduld soll eigentlich Zorn beenden, aber als der Mönch seinen Freund testete, regte sich der Meditierende bei der kleinsten Provokation auf. Er hatte die Vorstellung von Geduld nicht in seinen Geist integriert.

Wenn ihr eine tatsächliche Erfahrung von Ausgeglichenheit erreicht, kann kein anderer das wissen.

VERWIRKLICHUNG IST NICHT von außen sichtbar. Sie ist kein Sinnesobjekt. Aber falls sie in materieller Form erscheinen sollte, dann wären sie riesig.

Kummer und Verzückung sind gleichermaßen verwirrt, und grundsätzlich ist eins so symptomatisch für Leiden wie das andere.

SAGEN WIR MAL, ICH WIDME MEIN LEBEN einem Objekt: »Diese Blume ist so schön. So lange sie am Leben ist, ist mein Leben sinnvoll. Stirbt diese Blume, will ich auch sterben.« Dies ist ziemlich unvernünftig. Eine vernünftigere Herangehensweise wäre: »Ja, diese Blume ist schön, aber sie wird nicht von Bestand sein. Heute ist sie am Leben, morgen ist sie tot. Meine Zufriedenheit kommt jedoch nicht nur von dieser Blume, und ich wurde nicht als Mensch geboren, nur um mich an Blumen zu erfreuen.« So zu denken, ist Teil der Praxis der Ausgeglichenheit.

• *Wahre Wohltätigkeit* •

WAHRER Wohltätigkeit nachzugehen, der Praxis der Großzügigkeit eines Bodhisattva, ist extrem schwierig; sie muss ohne eine Spur von Geiz ausgeübt werden.

Viele Menschen geben mit Stolz und Anhaftung. Das ist keine wohlwollende Gesinnung; es ist bloß Ego.

EINES BODHISATTVA PRAXIS der Wohltätigkeit – sowie jede der sechs Vollkommenheiten – muss die anderen fünf Vollkommenheiten einschließen. In anderen Worten, Wohltätigkeit muss gemeinsam mit Ethik, Geduld, Tatkraft, Konzentration und Weisheit – vor allem Weisheit – praktiziert werden.

WIR ÜBERPRÜFEN NICHT, ob der Empfänger tatsächlich empfangen kann, was wir geben; wir geben lediglich ohne Zögern. Jedoch ist Geben manchmal vielleicht nicht heilsam; in solchen Fällen ist es besser, nichts zu geben. Wenn das, was ihr gebt, Probleme verursacht und dem Empfänger noch mehr Schwierigkeiten bringt, statt ihm zu helfen, dann ist es nicht Wohltätigkeit, nicht Großzügigkeit. Das trifft sogar zu, wenn wir Dharma-Weisheit geben.

UM WAHRE WOHLTÄTIGKEIT ZU PRAKTIZIEREN, brauchen wir ein tiefes Verständnis von Leerheit, von dem sogenannten »Kreis der Drei«: die Leerheit des Objekts, das wir geben, der Aktion des Gebens und des Empfängers unserer Gabe. Wenn wir ohne das Verständnis geben, dass diese drei nicht aus sich selbst heraus existieren, handelt es sich nicht um die Großzügigkeit eines Bodhisattva.

Die Bedeutung von Leerheit

WIR LEBEN IN DER SINNESWELT und glauben, dass die irrigen Vorstellungen und Projektionen unseres unwissenden Geistes wahr seien. Wir denken, dass wir alles glauben können, was wir sehen: »Ich habe das gesehen; es muss real und wahr sein.« Wenn wir erkennen, dass unsere Weltsicht eine Halluzination ist, dass unsere Weltanschauung immer verdunkelt ist von der dicken Decke der Selbsttäuschung, dann verschwindet die falsche Sichtweise, und es bleibt deren Gegenteil, die rechte Sichtweise dessen, was Buddhisten Leerheit nennen, oder im Sanskrit *shunyata*.

Leerheit wahrnehmen erfordert keinen speziellen Geisteszustand.

Jeden Tag lässt euch das gewohnheitsbedingte Anhaften eurer fünf Sinne an die Sinneswelt glauben, dass das, was ihr wahrnehmt, auch wirklich so existiert, wie es erscheint: Wenn wir diese Tatsache anerkennen, studieren wir die Leerheit. Wenn ihr darüber hinaus ununterbrochen eure Wahrnehmungen und Überzeugungen hinterfragt, dann gibt es keinen Zeitpunkt, an dem ihr nicht Shunyata studiert.

Sobald ihr erkennt, dass Leerheit sich nicht auf irgendeine obskure Philosophie bezieht, sobald ihr lernt, wie ihr Dharma-Worte in eure eigene Erfahrungswelt integriert, dann können selbst Worte oder ein Sinneserlebnis eine große Lehrerin für euch werden.

Ihr könnt ganz leicht Leerheit erkennen, wenn ihr euch klarmacht, dass die Ansichten eures unwissenden Geistes bezüglich jeglichen Objekts vollkommen illusorisch sind.

Wenn euer halluzinierender Geist ein reales Objekt da draußen wahrnimmt, das aus sich selbst heraus existiert, so existiert das noch nicht einmal relativ – auch wenn euer Ego-Klammern und Selbstanhaften euch zahllose Leben lang glauben ließ »dies ist wirklich dies« und »das ist wirklich das« und euch dadurch großes Leiden verursacht haben.

So lange ihr halluziniert, dass das, was ihr mit den Sinnen erfasst, wahrhaftig da draußen ist, werdet ihr jedes Objekt dualistisch wahrnehmen – aber jedes dieser Objekte existiert in Wirklichkeit nicht aus sich selbst heraus.

Es ist nicht der Fall, dass nichts existiert.

Obwohl nichts aus sich selbst heraus existiert – nicht einmal ihr und ich – kann man nicht sagen, dass nichts existiert. »Meine Nase, meine Zunge, mein Mund – nichts von mir existiert.« Diese Form intellektueller Verneinung ist komplett falsch. Es ist viel besser, dass ihr eure Ansichten – eure Sichtweisen von allem und jedem – tief erforscht, anstatt euch in seichtem Intellektualisieren zu verlieren. Sichtweisen als nichts als Sichtweisen zu erkennen ist befreiend.

Euer halluzinierender, träumender Geist führt zu Leiden.

Dennoch heisst das nicht, dass ihr die Existenz der Sinneswelt leugnen könnt. Das wäre total unlogisch. Ihr solltet euch nicht damit befassen, ob Nepal wahr ist oder nicht; eure Aufgabe ist es, dahinter zu kommen, ob die Interpretation eures Geistes von Nepal wahr ist oder nicht. Wenn eure falschen Vorstellungen eine Sicht von Nepal entwickeln, die überhaupt nichts mit der wahren Natur Nepals zu tun hat – selbst relativ gesehen – und ihr dann daran festhaltet, so ist das problematisch. Mein unwissender Geist entwickelt eine Sichtweise, »Thubten Yeshe ist so und so und so« – was überhaupt nichts mit meiner wahren Natur zu tun hat –, und ich klammere mich mit Anhaftung an diese unwirkliche, selbst-bemitleidende Projektion. Wir und alle Wesen haben über zahllose Leben hinweg Anhaftung entwickelt, weil wir glauben, dass wir verloren sind, wenn wir nichts haben, an das wir uns klammern können. Der Versuch zu klammern, wenn Klammern unmöglich wird – beispielsweise wenn wir mit dem Tod konfrontiert werden – kann großen Schrecken hervorrufen.

Wenn Wesen glauben, sie seien verloren,
dann verlieren sie sich wirklich.

UM DIE RICHTIGE SICHTWEISE von Leerheit zu verwirklichen, müsst ihr sie zuerst innerhalb eures eigenen Geistes suchen und entdecken.

MENSCHLICHE WESEN schauen von Natur aus nach außen. Wir denken immer, wir könnten die Realität verstehen, wenn wir darauf achten, was andere Leute machen. Wir versuchen, unseren eigenen Erfolg zu bewerten, indem wir die Nachbarn unter die Lupe nehmen. Was besitzen sie? Wie sind sie daran gekommen? Diese Herangehensweise an sich macht es schon unmöglich, die Realität zu finden. Wenn das eure Einstellung ist, werdet ihr nie die rechte Sicht der Leerheit entwickeln, auch wenn ihr sie ein ganzes Leben lang studiert.

Wenn ihr auf der Suche nach der wahren Natur der Dinge bei äußeren Phänomenen anfangt, so wie Bäumen, Tischen und anderen Menschen, werdet ihr sie nie finden.

WENN IHR EUREN GEIST GRÜNDLICH ERFORSCHT, könnt ihr klar sehen, dass sowohl unglückliche als auch ekstatische Gedanken kommen und gehen. Zudem verschwinden sie insgesamt, wenn ihr sie tief erforscht. Wenn ihr ganz und gar in einer Erfahrung aufgeht, denkt ihr: »Nie werde ich diese Erfahrung vergessen«, aber wenn ihr geschickt überprüft, verschwindet sie automatisch. Das ist die stille Weisheitserfahrung. Eigentlich ist das alles simpel, aber ihr dürft mir nicht einfach nur glauben – erlebt es selbst.

Wir sind oft besitzergreifend bei dem, was uns passiert. Wir denken: »Das ist mein Leiden.« Auch wenn wir bei unseren Meditationen erfolgreich sind und spüren, wie die glückselige Kundalini-Energie aufsteigt, gibt es eine starke Tendenz, sie ganz festhalten zu wollen: »Das ist meine Glückseligkeit, meine Erfahrung.« Mit dieser Gewohnheit müssen wir brechen. Im Hinblick auf angenehme wie auch unangenehme Erfahrungen müssen wir lernen, sie geschehen zu lassen, ohne nach ihnen zu greifen.

Wir können dies erreichen, indem wir unseren Geist mit Leerheit, mit Nichtzweiheit, vereinigen.

Betrachtet einmal folgende Veranschaulichung: Stellt euch vor, vor euch sei eine Person, ein Mann oder eine Frau, die ihr äußerst attraktiv findet. Bereits der reine Anblick dieser Person weckt große Energie in euch. Vielleicht wollt ihr die Hände ausstrecken und sie oder ihn packen. Jetzt stellt euch vor, dass diese Person sich plötzlich in Regenbogenlicht auflöst, strahlend und transparent. Automatisch lösen sich auch all eure schweren Gefühle von Schmachten und Besitzergreifen auf, und an ihrer Stelle entsteht etwas Leichteres, Heiteres. Ihr habt immer noch eine Art Beziehung zu diesem schönen Objekt, aber es hat sich verändert. Ihr habt eure krallende Haltung gehen gelassen und erlebt nun etwas Weiteres und Universelleres. Es ist eine leichte, glückselige, doch auch intensiv bewusste Erfahrung, über die ich spreche. Das genau wollen wir kultivieren.

Wonach wir streben sollten, ist die Erfahrung von Freude ohne Anhaftung.

Übt, alle Erscheinungen als illusionär zu sehen, zu erkennen, dass sie nicht getrennt von eurem Geist als etwas Konkretes »da draußen« existieren. In anderen Worten: Erkennt, dass alle Erscheinungen aus Leerheit entstehen und eben diese Natur von Leerheit, von Nichtdualität besitzen.

Wir sollten unsere Glücksgefühle genießen und gleichzeitig das Wesen von Subjekt – unser Geist –, Objekt und unseren Gefühlen verstehen.

Tibetische Lamas sagen oft: »Nicht sehen ist das perfekte Sehen.« Seltsame Worte vielleicht, aber sie haben eine tiefgründige Bedeutung. Sie beschreiben die Erfahrung eines fortgeschrittenen Meditierenden, die Erfahrung der raumgleichen, universellen Wirklichkeit, die jenseits von Dualität liegt.

Wir versteifen uns auf dies, wir versteifen uns auf das, aber das Leben verändert sich fortwährend – nichts bleibt, nichts hat Bestand.

Wenn wir der Idee anhängen, das Vergängliche solle unvergänglich sein, entsteht nur unendlicher Schaden.

Jeder Aspekt eures Körpers und eures Geistes ist vergänglich: sich wandelnd, sich wandelnd, sich wandelnd.

Sogar wenn euer Knie weh tut, ist es nicht so schlimm, wie ihr denkt – euer Ego übertreibt den Schmerz. Es verfestigt das Gefühl, bewirkt, dass es sich unveränderbar anfühlt, wie Eisen.

Dies ist eine völlig falsche Auffassung, eine komplett unrealistische Interpretation. Wenn ihr das realisieren könnt, wird der Schmerz von eurer Weisheit verarbeitet und dann verschwinden. Warum? Weil der Schmerz, den ihr im Knie fühlt, nicht von alleine auftaucht, sondern in Verbindung mit Egoaktivität. Wenn eines dieser Elemente verschwindet, verschwindet auch die Verbindung.

WENN JEMAND EUCH das Leben schwer macht und euer Ego anfängt weh zu tun, dann prüft doch lieber einmal, was gerade geschieht, statt nur zu reagieren. Denkt, wie aus dem Mund der anderen Person einfach Klang kommt, der euer Ohr erreicht und Schmerzen in eurem Herzen anrichtet. Wenn ihr darüber auf die richtige Art nachdenkt, werdet ihr lachen müssen; ihr werdet sehen, wie lächerlich es ist, sich über etwas so Substanzloses aufzuregen.

Wir erwarten, dass die Dinge, die von Natur aus vergänglich sind, sich nicht verändern; wir erwarten, dass Dinge, die keinen Bestand haben, ewig sind. Dann, wenn sie sich doch verändern, sind wir bestürzt. Eure Aufregung, wenn etwas in eurem Haus kaputt geht, bezeugt, dass ihr nicht wirklich die vergängliche Natur der Dinge verstanden habt.

Wenn es an der Zeit ist, dass etwas kaputt geht, dann geht es kaputt. Eure Wünsche und Erwartungen haben damit nichts zu tun.

Mit all diesem Reden über die illusionäre Natur der Phänomene und Nicht-Selbstexistenz könnten wir zu der Schlussfolgerung kommen, dass wir selbst, andere, die Welt und die Erleuchtung total nichtexistent sind. Solch eine Schlussfolgerung ist nihilistisch und zu extrem. Ihre Erscheinungsweise als etwas Konkretes und Unabhängiges ist trügerisch und muss verworfen werden.

Phänomene existieren doch.

Betrachtet den Regenbogen als Beispiel. Existiert er oder nicht? Natürlich existiert er, aber wie? Als etwas, das aus dem Zusammenspiel von Wassertröpfchen am Himmel, Sonnenlicht und unserem eigenen Beobachtungsstandort entsteht. Ein Regenbogen ist also ein abhängiges Phänomen, und wenn wir es untersuchen, können wir seine verschiedenen Ursachen und Bedingungen entdecken.

Auf ähnliche Art sind alle existenten Phänomene bloße Erscheinungen im Geist; ihnen fehlt konkrete Selbstexistenz, sie entstehen durch das Zusammenspiel verschiedener Ursachen und Bedingungen. Dies trifft für uns genauso zu. Wir und alle anderen Phänomene ohne Ausnahme sind bar jedes auch noch so kleinen Atoms von Selbstexistenz – und das ist die Leere, die letztendliche Natur von allem, was existiert.

Der Schlüssel im Leben und im Tod ist,
Illusionen als Illusionen zu erkennen,
Projektionen als Projektionen und
Fantasien als Fantasien.
Auf diese Art werden wir frei.

Der Weisheitsgeist

WAHRE WEISHEIT befähigt, all die vielen unterschiedlichen Lebenserfahrungen in ein bedeutungsvolles und zusammenhängendes Ganzes zu integrieren und dadurch Angst und Unsicherheit vollständig zu verbannen.

Dharma ist die Sicht des Weisheitsgeistes;
es ist das, was die Weisheit sieht.

ZU GEWISSEN ZEITEN ist ein stiller Geist sehr wichtig, aber »still« heißt nicht verschlossen. Der stille Geist ist ein aufmerksamer, hellwacher Geist, ein Geist, der die wahre Natur der Wirklichkeit erkennen möchte.

Lasst eure zwanghaften Sinneswahrnehmungen eine Weile ruhen und erlaubt eurem stillen Geist, an die Oberfläche zu kommen. Dann stellt eure Frage. Ihr werdet sehen, dass die Antwort auf eure Frage spontan aus dem Inneren der friedlichen Stille eures ruhigen Geistes auftauchen wird.

Weisheit kann nie in einem aufgewühlten, verwirrten und ruhelosen Geist entstehen.

Ein Geist mit Verständnis funktioniert klar. Ein klarer Geist ist ein positiver Geist.

WENN EUER GEIST zu eng ist, voller klammernder Ideen, Formen, Farben und solchen Dingen, neigt er dazu, von Natur aus dunkel und träge zu sein. Wenn diese Dinge verschwinden, entsteht natürlicherweise Licht. Das ist eigentlich alles. Es geht bloß um die Sicht des Geistes. Also macht euch keine Gedanken. Genau genommen seht ihr jeden Tag eures Lebens Licht. Sogar, wenn alles dunkel ist, seht ihr schwarzes Licht, leuchtende Schwärze. Aber was auch immer ihr seht – weiß, schwarz; Licht, Dunkelheit – es ist nicht etwas, das von außerhalb kommt. Es kommt von eurem eigenen Geist.

Seid klug, nicht extrem.

Die menschliche Natur ist grundlegend rein, egolos, so wie der Himmel von Natur aus grundsätzlich klar ist. Wolken kommen und gehen, aber der blaue Himmel ist immer da, auch wenn er nicht zu erkennen ist; Wolken ändern nichts an der grundsätzlichen Natur des Himmels. Ähnlich ist auch der menschliche Geist grundsätzlich rein und nicht eins mit den Wolken von Ego und Emotionen.

Wenn ein starker Wind bläst, verflüchtigen sich die Wolken und der blaue Himmel erscheint. In ähnlicher Weise verschwinden die dunklen Wolken des Ego, wenn die kraftvolle Weisheit erwächst, die die Natur des Geistes versteht.

Der menschliche Geist ist wie ein Spiegel. Ein Spiegel diskriminiert nicht, er bildet einfach nur ab, was immer vor ihm ist, egal ob es furchtbar oder wundervoll ist. Gleichermaßen nimmt euer Geist den Aspekt eurer Umgebung auf, und wenn ihr nicht aufpasst, was sich abspielt, kann euer Geist mit Müll gefüllt werden.

Wenn euer Geist eng ist, wühlen euch kleine Dinge sehr leicht auf. Macht euren Geist so weit, tief und riesig wie einen Ozean.

Der enge Geist weist zurück;
Weisheit akzeptiert.

Allerdings ist es auch entscheidend zu erkennen, wann der geeignete Zeitpunkt gekommen ist, um unsere Aufmerksamkeit von Dingen abzuziehen, die unseren Geist verstören. Wenn jedoch Vermeidung der einzige uns bekannte Weg ist, um mit gewissen Objekten umzugehen, so sind unserer spirituellen Praxis sehr enge Grenzen gesetzt.

Handelt so viel wie möglich
mit Demut und Weisheit.
Wenn ihr das tun könnt,
wird euer Leben wundervoll sein.

• *Zuflucht nehmen* •

Wenn man den Lehren des Buddha folgt, »nimmt man Zuflucht«, und zwar zu Buddha, Dharma und Sangha oder Gemeinschaft.

ES GIBT DREI WEGE, wie man zum Buddha Zuflucht nehmen kann. In der äußeren Zuflucht ist der Buddha, zu dem wir Zuflucht nehmen, jemand anderes als wir selbst: eine Person, die Buddhaschaft erlangt hat, ein erleuchtetes Wesen wie Shakyamuni Buddha. Innere Zuflucht heißt Zuflucht nehmen zu dem Buddha, der wir selbst einmal werden. Geheime Zuflucht ist der dritte Weg, Zuflucht zu nehmen. Diese Art, Zuflucht zu nehmen, ist die schwierigste von allen. Ihr müsst erkennen, dass euer Nervensystem durchzogen ist von glückseliger

Energie und nicht der üblichen lächerlichen Energie der gravitationsbedingten Anhaftung an Sinnesfreuden, und dazu nehmt ihr Zuflucht. Wenn ihr nicht wisst, wie man richtig Zuflucht nimmt, dann wird jede Meditation, die ihr praktiziert, wie Schnee auf der Straße sein, der sehr eindrucksvoll aussieht, wenn er fällt, aber schnell wieder verschwunden ist.

Es ist nicht unbedingt einfach, Zuflucht zu nehmen.

ZUFLUCHT NEHMEN zu Buddhas Lehren, zum Dharma, heißt nicht nur einfach Gebete zu rezitieren. Ihr könnt verbal Zuflucht nehmen, auf Deutsch, Tibetisch oder Sanskrit, oder ihr könnt es in Stille tun; die Hauptsache dabei ist, was in eurem Geist geschieht. Wenn ihr tiefe Hingabe habt und das unumstößliche Verständnis, dass die immerwährende, glückselige, transzendente Weisheit euer letztendliches Ziel ist, verbunden mit dem freudvollen Streben, sie in eurem Herzen zu entdecken, dann gibt es keine Zeit, in der ihr nicht Zuflucht nehmt. Wenn ihr aber nicht dieses Verständnis habt, könnt ihr die Worte eine Million Mal sagen und nichts passiert.

IN DER TIBETISCHEN BUDDHISTISCHEN TRADITION haben wir die vorbereitenden Reinigungsübungen, bei denen wir einhunderttausend Mal Zuflucht nehmen, einhunderttausend Mandalas darbringen, einhunderttausend Niederwerfungen machen und so weiter. Dies tun wir, um sicherzustellen, dass wir diese Übungen nicht nur mit unserem Körper und unserer Rede machen, sondern auch mit unserem Herzen. Ihr könnt Sanskrit-Worte und -Phrasen runterrasseln und denken, ihr wäret jetzt mit der Zufluchtnahme fertig; es ist aber möglich, dass ihr beim Zufluchtnehmen mit dem Mund mit eurem Geist Coca Cola genommen habt.

Welcher Nutzen ist euch dann aus den Worten entstanden, die ihr gesungen habt? Vielleicht haben gewisse Worte eine ihnen eigene Kraft, aber selbst dann ist es fragwürdig, ob sie viel Wirkung auf euch haben, wenn euer Geist mit Anhaften beschäftigt ist und ihr sie unbewusst sagt.

WIE MAN ZUFLUCHT NIMMT, hängt vom Verständnis und den Verwirklichungen ab, und das ist von Person zu Person verschieden. Obwohl wir alle die gleichen Worte singen oder das gleiche Mantra rezitieren, fühlt jeder und jede von uns eine einzigartige Schwingung, die mit dem Grad und der Erfahrung des individuellen Geistes übereinstimmt.

Über das Meditieren

DIE RECHTE MOTIVATION ENTWICKELN

Bevor ihr mit dem Meditieren anfangt, ist es wichtig, die rechte Motivation zu entwickeln. Sich ganz klar zu machen, warum wir meditieren, ist ein wichtiger Schritt des Prozesses. Dazu empfehle ich, dass ihr vor euren Meditationen über eine Version des Folgenden nachdenkt:

> *Ich werde jetzt eine Untersuchung anstellen, um meine eigene Natur zu entdecken und zu verstehen und um meine eigenen falschen Anschauungen und falschen Handlungen zu erkennen. Von meiner Geburt an bis jetzt war ich*

von meinem beschränkten und unzufriedenen Geist beherrscht. Obwohl mein einziges Verlangen dauerhaftes Glück und Freude ist, werde ich fortwährend durch äußere Umstände hin und her geworfen. Ich werde von meinem unkontrollierten, unzufriedenen Geist unterdrückt. Ich habe keinerlei Freiheit, und dennoch gaukelt mir mein launischer, arroganter Geist ständig vor: »Ich bin glücklich; ich bin frei.« Das Glück, das ich erlebe, ist von kurzer Dauer. Würde eine andere Person mich verfolgen oder unterdrücken, könnte ich das nicht einmal einen halben Tag lang aushalten. Wenn ich tiefer nachforsche, sehe ich, dass mir mein unkontrollierter Geist vom Moment meiner Geburt an nicht die geringste Chance gegeben hat, frei und freudvoll zu leben. Er war schon immer ein Sklave äußerer Umstände.

Wenn ich nun meditiere, verpflichte ich mich, genau zu beobachten, wie Anhaftung in meinen Geist kommt. Wie ein aufmerksamer

Wachmann, mit entsichertem Gewehr, der dem Feind auflauert, beobachtet mein Weisheitswachmann konzentriert, von Moment zu Moment den Geist und untersucht, wie Anhaftung entsteht, wie Abneigung entsteht, wie Einbildungen entstehen.

In dieser Weise will ich meditieren.

DEN EIGENEN GEIST BEOBACHTEN

Ihr braucht euch nicht anzustrengen, um eine gute Meditation genießen zu können. Schließt einfach eure Augen, entspannt euch völlig und beobachtet. Erwartet nicht, dass schlechte Gedanken auftauchen; erwartet auch keine guten. Lasst einfach los und beobachtet, wie Gedanken kommen, wie Gedanken gehen; wie Schmerz kommt, wie Schmerz geht; wie der aufgewühlte Geist kommt, wie er geht. Beobachtet schlicht und einfach.

Nach außen hin entspannt euch. Nach innen seid achtsam. Wenn ein ablenkender Gedanke auftaucht, beobachtet mit durchdringender, achtsamer Weisheit, wie euer Ego-Geist sich mit diesem Gedanken identifiziert, wie er reagiert. Seid voll bewusst. Wenn Gedanken-Objekte verschwinden, lasst euren Geist ohne Gedanken ruhen. Wenn die Erinnerung an eine frühere angenehme Erfahrung auftaucht, beobachtet voll konzentriert, wie der Geist sich daran klammert. Statt diese Erinnerung zurückzuweisen, spürt einfach, was da ist. Wenn die Erinnerung eines vergangenen, unangenehmen Erlebnisses auftaucht, das vielleicht Schuldgefühle oder Depression hervorruft, beobachtet das mit achtsamer Weisheit. Betrachtet, wie euer Ego-Geist diese Erfahrung ablehnt. Erkennt das Ego als Ego, Anhaften als Anhaften, Ablehnung als Ablehnung.

Sowohl Körperempfindungen als auch psychische Zustände, wie etwa Gedanken, sind vorübergehend; sie sind nie von Dauer. Entspannt einfach und beobachtet, wie euer Körper auf Empfindungen und psychische Zustände reagiert und wie euer Geist reagiert, wenn diese entstehen. Intellektualisiert nicht. Entspannt und lasst los. Seid bewusst und achtsam. Wie entstehen Gefühle? Wann kommt es?

Lasst euch nicht von Sinneseindrücken einfangen. Die Sinneswahrnehmung ist blind; sie ist kein intelligenter oder weiser Geist. Lasst euren Geist vollkommen offen und wach sein, empfänglich, wie ein Ozean.

Wenn Ablenkung auftaucht, sei es ein bellender Hund, die Erinnerung an ein altes Erlebnis oder die Angst vor dem, was vor uns liegt, dann beobachtet lediglich den Gedanken – wie er kommt und geht –, anstatt negativ zu reagieren und ihn mit Gewalt aus eurem Bewusstsein vertreiben zu wollen. Beobachtet ihr eure Gedanken mit Weisheit, verschwinden sie von ganz alleine. Beobachtet ihr nicht mit

Weisheit, tauchen Gedanken auf; beobachtet ihr mit Weisheit, verschwinden sie.

Eine Technik für den Umgang mit störenden Gedanken besteht darin zu betrachten, was ihr im Moment des Auftauchens spürt. Anstatt sie anzuschauen wie ein Beobachter von außen – mit dem Gedanken »Oh, was ist denn das für ein Objekt da drüben?«, – konzentriert euch aufs Spüren; beobachtet aufmerksam, welches Gefühl gerade entsteht. Studiert, wie Sinneswahrnehmung in eurem Bewusstsein aufgezeichnet wird, wie ihr sie interpretiert und wie ihr euch fühlt.

Selbst wenn ihr während eurer Meditation euer Bestes gebt, um in einem bewussten, offenen Zustand der Nichtdualität zu verweilen, könnt ihr doch ganz leicht abgelenkt werden durch die verschiedensten Einbildungen oder beginnen, an die mannigfaltigen Halluzinationen zu glauben, in die ihr hineinrutscht. Wenn das geschieht, kämpft nicht mit diesen Einbildungen oder Halluzinationen; es ist oft am besten, einfach ein tiefes Gewahrsein großer Liebe und großen Mitgefühls zu entwickeln. Bleibt in diesem Raum tiefer Bewusstheit und lasst einfach los.

Wenn die Zeit da ist, die Meditation zu beenden, steht langsam auf und bleibt dabei bewusst. Entspannt euch, aber bleibt achtsam bei dem, was ihr spürt. Geht auf die Toilette oder geht den Dingen nach, die ihr tun müsst, aber mit Achtsamkeit für eure Gefühle. Alles ist Meditation. Gehen ist Meditation; Sitzen ist Meditation. Alles in eurem Leben kann Meditation werden.

MIT VISUALISIERUNGEN ARBEITEN

Visualisierungen können eine weitere kraftvolle Meditationsform sein – denkt aber nicht, dass Visualisierungen etwas völlig Neues und Fremdartiges sind, womit ihr keinerlei Erfahrung habt. In Wirklichkeit visualisiert ihr den ganzen Tag über. Das Frühstück, das ihr morgens zu euch nehmt, ist eine Visualisierung; in vieler Hinsicht ist es eine Projektion eures eigenen Geistes. Ihr visualisiert, dass euer Frühstück so etwas wie eine unabhängige Existenz hat. Ähnlich ist es, wenn ihr einkaufen geht und denkt: »Das ist schön« oder »Das mag ich nicht«; was immer ihr gerade anschaut, ist eine Projektion eures eigenen Geistes. Wenn ihr morgens aufwacht und die Sonne scheint und ihr denkt: »Oh, heute wird ein schöner Tag«, dann ist das euer eigener Geist, der sich ein Bild macht.

Tatsächlich verstehen die meisten Menschen

leicht, was mit Visualisierung gemeint ist. Auch Ladenbesitzer und Werbefachleute kennen die Bedeutung von Visualisierung, und gestalten Schaufensterauslagen und Plakatwände entsprechend: »Kauft das!« Sie wissen, dass Dinge, die man sieht, den Geist, die Visualisierung, beeinflussen. Visualisierung ist nichts Übernatürliches, sondern etwas Wissenschaftliches.

Die Herausforderung besteht darin, der bereits gut ausgebildeten Fähigkeit Zügel anzulegen und aus ihr etwas Gesundes und Nützliches zu machen. Dazu solltet ihr die folgenden Übungen in Betracht ziehen.

Visualisiert euch selbst als Buddha, aufrecht stehend oder auf eurem Kissen sitzend, euer Körper ist vollständig durchsichtig vom Kopf bis zu den Füßen. Er ist äußerst klar und frei von jeglicher materiellen Substanz – wie ein mit Luft gefüllter Ballon. Innen ist absolut nichts. Versenkt euch einige Minuten lang in diese Vorstellung.

Oder versucht dies: Wenn ihr anderen Menschen begegnet, erzählt euch einmal nicht die üblichen Geschichten darüber, wer sie sind. Visualisiert stattdessen jede Person, die ihr seht, als Bodhisattva des Mitgefühls, als die Verkörperung von Mitgefühl. Wenn ihr euch in das vertieft, könnt ihr ihnen gegenüber keine negativen Gefühle mehr haben. Das ist unmöglich. Statt Qual geben sie euch jetzt glückselige Energie. Diese Praxis ist ein kraftvoller Weg, um Negatives zu bereinigen.

Eine andere Visualisierung, mit der ihr experimentieren könnt, ist folgende: Wenn ihr euch wascht, stellt euch vor, ihr wascht euren göttlichen Körper mit glückseliger Energie und nicht euren weltlichen, leidenden Körper mit Wasser. Dann zieht euren göttlichen Körper mit glückseligen Kleidern an statt gewöhnlichen. Wenn ihr so in den Morgen startet, wird der ganze Tag leichter.

MEDITATIVES ATMEN

Haltet eure linke Nasenöffnung mit dem rechten Zeigefinger zu und atmet langsam durch die rechte ein. Dann blockiert eure rechte Nasenöffnung mit demselben Finger und atmet durch die linke aus. Denkt dabei, dass ihr all eure unreine Begierden-Energie ausatmet. Macht das drei Mal. Eigentlich braucht ihr gar nicht die Nasenöffnung zuzuhalten; ihr könnt euch einfach vorstellen, dass die Luft die andere Öffnung verlässt.

Jetzt macht ihr es umgekehrt, drei Mal durch die linke Nasenöffnung einatmen. Beim Ausatmen durch die rechte stellt ihr euch vor, dass ihr all eure unreine Hass-Energie ausatmet.

Schließlich könnt ihr noch drei Mal durch beide Öffnungen ein- und ausatmen, sodass alle Energien rein-klar und ausgeglichen werden. Beim Ausatmen denkt, dass ihr all eure unreine Unwissenheits-Energie ausatmet.

MIT ERWARTUNGEN UMGEHEN LERNEN

Erwartet nicht zu viel von eurer Meditation. Zu viel Erwartung ist ein großes Hindernis für eine erfolgreiche Meditation. Derartige falsche Auffassungen führen zu Unzufriedenheit mit unseren Meditationserfahrungen, so wie sie tatsächlich sind, und bringen uns dazu, diese Erfahrungen dauernd mit einem imaginierten Ideal zu vergleichen. Wir bringen uns selbst durcheinander, indem wir denken: »Gemäß den Belehrungen, die ich erhalten habe, sollte ich an diesem Punkt große Glückseligkeit erfahren, aber was ich gerade empfinde, kann man kaum so nennen. Ich muss wohl ein Versager sein!« Wir verkrampfen uns dermaßen im Vorwegnehmen der erwarteten Erfahrung, dass sie nie kommt. Das ist leicht zu verstehen: Wie kann Glückseligkeit je in einem beunruhigten und verkrampften Geist entstehen?

Die einzige Lösung heißt Loslassen. Macht euch klar, dass Erwartungen hinderlich sind, und lasst sie los, sobald sie auftauchen; seht sie einfach als Gedanken, die entstanden sind. Mit anderen Worten: Wir sollten es etwas lockerer angehen. Manchmal stecken wir zu viel Energie in unsere Praxis oder wir gehen zu streng mit uns um und denken, dass uns das den gewünschten Verwirklichungen schneller näher bringt. Aber zu viel Anstrengung hat oft den gegenteiligen Effekt; es behindert unseren Fortschritt, anstatt ihn zu beschleunigen.

Ein Beispiel dafür sind Fahrneulinge, die noch nicht gelernt haben, am Steuer ihres Autos zu entspannen. Sie sind ängstlich bemüht, alles richtig zu machen, sind dauernd beschäftigt, ihr Lenkrad, ihre Geschwindigkeit und so weiter zu überprüfen. Das Ergebnis ist eine ruckartige, unbehagliche Fahrt. Statt einer vergnüglichen Erfahrung wird das Fahren so zu einer lästigen Aufgabe. Erfahrene Fahrer sind dagegen entspannt. Obwohl sie wachsam darauf achten, was um sie herum los ist, haben sie gelernt, loszulassen, sodass das Auto wie von selbst fährt. Das Ergebnis ist eine sanfte und mühelose Fahrt und es fühlt sich manchmal an, als flöge das Auto glückselig durch die Luft, statt geräuschvoll über die Straße zu holpern!

Wenn wir eine ähnliche Glückseligkeit in der Meditation erleben möchten, müssen wir unsere Erwartungen loslassen lernen und unsere exzessiven, befangenen Anstrengungen verringern.

Eine Innere Revolution einleiten

SICH SELBST UND ANDERE AUSTAUSCHEN

Es gibt unzählige Lebewesen, aber sehr wenige kennen das Austauschen von Selbst und anderen. Diese »Tonglen« genannte Praxis, mag sehr schwer sein, sie ist aber extrem nützlich. Sich an die Stelle von anderen setzen, transformiert jeglichen Kummer, den ihr empfindet, in den friedvollen Pfad der Befreiung. Wir brauchen dringend solch eine Methode. Sich selbst gegen andere auszutauschen ist wahrhaft revolutionär, und diese innere Revolution, die nichts mit einem radikalen Wandel im Äußeren zu tun hat, stellt unsere geistige Haltung komplett auf den Kopf.

Fangt mit ausatmen durch die rechte Nasenöffnung an. Visualisiert die ausgeatmete Luft als weißes Licht, dessen Essenz eure positive Energie und Weisheit ist. Dieses weiße Licht strahlt zu allen fühlenden Wesen im Universum aus. Visualisiert, dass das Licht, das ihr ausatmet, in deren Herzen dringt und darin große Seligkeit erzeugt. Stellt euch die Luft, die die Wesen ausatmen, als dicken, schwarzen Rauch vor, dessen Essenz all deren Negativität, Verwirrung und schweres Leiden ist. Diese dunkle, verschmutzte Energie tritt in eure linke Nasenöffnung ein und kommt hinunter zu eurem Herzen. Lasst sie nicht außerhalb von euch; bringt sie ganz in euer Herz hinunter, sodass euer Ego und eure Anhaftung große Angst bekommen.

Stellt euch jetzt vor, dass der Rauch immer dicker wird, immer dichter und sich dann in eine winzige Kugel zusammenzieht, die so dicht ist wie ein Neutronenstern oder ein Schwarzes Loch und Ego und Anhaftung verschlingt. Dann stellt euch vor, dass dieses schwarze Loch von Negativität explodiert und ein weißes Licht hervorbricht – Licht, das jede Farbe des Spektrums enthält –, und atmet dieses weiße Licht, diese positive Energie, durch eure rechte Nasenöffnung aus.

Wiederholt diesen Zyklus – weißes Licht durch die rechte Nasenöffnung aus- und schwarzen Rauch durch die linke einatmen – drei Mal. Dann atmet durch beide Nasenöffnungen drei Mal ein und aus.

Am Ende jeder der neun Runden stellt ihr euch so lange, wie ihr könnt – vielleicht einige Minuten lang – vor, dass ihr und alle Wesen vollständig gereinigt seid von allem Leiden, jeder Negativität und dualistischen Denkarten und dass ihr voll erleuchtet seid, fortwährende Seligkeit erlebt, die euren ganzen Körper und Geist durchdringt. Wenn ihr euch nicht länger konzentrieren könnt, wiederholt die neun Runden noch einmal. Wiederholt diesen

Zyklus immer wieder während der Dauer der Sitzung.

Denkt nicht, dass dies nur eine Fantasie ist und dass die Praxis dieser Meditation keinen Unterschied in eurem Leiden und dem anderer macht. Es ist eine tiefgründige Praxis und jedes Mal, wenn ihr sie ausübt, bringt sie euch und alle anderen Wesen der Erleuchtung näher.

Wenn ihr Schwierigkeiten damit habt, das Leiden anderer auf euch zu nehmen, dann übt erst mit euch selbst und atmet euer eigenes Leiden in Form schwarzen Rauchs ein. Das nächste Mal, wenn eure Knie beim Meditieren wehtun, schickt den Schmerz eurem Ego, sodass es richtig erschrickt. Sorgt dafür, dass euer Ego immer mehr Angst bekommt.

Übt das eine Woche lang.

Lehrt eurem Ego und eurer Anhaftung das Fürchten.

Dann übt das Auf-euch-Nehmen aller Leiderfahrungen, die ihr je in eurem Leben gemacht habt. Euer Ego und eure Anhaftung werden auch das nicht mögen, aber lasst sie ruhig noch einmal Angst bekommen. Dann weitet eure Praxis langsam, langsam so aus, dass ihr das Leiden eurer Eltern, eurer Freunde, aller Menschen in eurem Land und aller Menschen auf der Erde auf euch nehmt – bis ihr die Probleme und das Leiden aller fühlenden Wesen im ganzen Universum empfangen habt.

Dann schickt ohne Zögern all eure Besitztümer, euer Glück und eure Verdienste zu ihnen hinaus.

• *Nachwort* •

TEILT EURE LIEBE, eure Weisheit und euren Reichtum und dient anderen Wesen so viel wie möglich. Lebt in Harmonie miteinander und seid ein Vorbild für Frieden, Liebe, Mitgefühl und Weisheit. Versucht, in eurer Praxis glücklich zu sein, mit eurem Leben zufrieden. Seid vernünftig in der Art eures Wachstums und denkt ja nie, dass es zu spät ist.

Und habt keine Angst vor dem Tod.

Selbst wenn ihr morgen sterben solltet, dann verhaltet euch zumindest heute geradlinig und rein-klar und seid ein glückliches menschliches Wesen.

Wir haben zahllose Leben lang geschlafen – jetzt ist es Zeit aufzuwachen.

• *Der Diamant Verlag* •

ist Mitglied in der *Gesellschaft zur Erhaltung der Mahayana-Tradition (FPMT)*, einem Zusammenschluss von etwa 140 Meditations-, Studien- und Klausurzentren rund um den Erdball, die unter der Leitung von Lama Thubten Zopa Rinpoche stehen.

Falls Sie Interesse an den Lehren von Lama Thubten Yeshe und Lama Thubten Zopa Rinpoche haben, können Sie sich an eines der FPMT-Zentren wenden. Deutschsprachige Kurse gibt es in folgenden Zentren:

Aryatara Institut
Barerstr. 70/Rgb.
D-80799 München
www.aryatara.de

Tara Mandala
Sonnenweg 8
D-94405 Landau
www.tara-mandala.de

Meditationshaus Kushi Ling
Laghel 19
I-38062 Arco/Tn.
www.kushi-ling.com

Longku Zopa Gyu Zentrum
Zentrum für Buddhismus
Reiterstr. 2
CH-3013 Bern
www.zentrumfuerbuddhismus.ch/fpmt

Panchen Losang Chogyen Zentrum
Servitengasse 15
A-1180 Wien
www.fpmt-plc.at

Informationen über die weltweite Organisation:

www.fpmt-europe.org

www.fpmt.org

Weitere Titel aus dem Verlagsprogramm

Das Akashagharba-Sutra

Berzin Alexander, ***Den Alltag meistern wie ein Buddha***

Chodron Thubten, ***Tara die Befreierin***

Dalai Lama, ***Die Lampe auf dem Weg***

Dalai Lama, ***Mögen alle Wesen glücklich sein***

Gen Lamrimpa, ***Kalachakra. Die drei Zyklen der Zeit***

Geshe Jampa Tegchok, ***Leerheit und Abhängiges Entstehen***

Geshe Thubten Ngawang, ***Mit allem verbunden***

Geshe Yeshe Tobden, ***Der Weg des sanften Kriegers***

Kathleen McDonald, ***Das gütige Herz. Ein Mahayana-Meditationsbuch***

Khunu Lama Tenzin Gyaltsen, ***Allen Freund sein***

Ladner Lorne, ***Die verlorene Kunst des Mitgefühls***

Lama Yeshe, *Der Buddha des Mitgefühls*

Lama Yeshe, *Die Grüne Tara. Weibliche Weisheit*

Lama Yeshe, *Grenzenlos ist die Kraft des Geistes*

Lama Yeshe, *Inneres Feuer*

Lama Yeshe, *Meditieren, selber denken, tief verstehen*

Lama Yeshe, Lama Zopa u. a., *Heilung. Tibetische Lehren und Übungen*

Lama Yeshe, *Vajrasattva. Heilung und Transformation im tibetischen Tantra*

Lama Yeshe, *Wege zur Glückseligkeit. Einführung in Tantra*

Lama Zopa Rinpoche, *Herzensrat eines tibetischen Meisters*

Lama Zopa Rinpoche, *Lieber Lama Zopa*

Lama Zopa Rinpoche, *Mitgefühl. Heilkraft für Geist und Körper*

Lama Zopa Rinpoche, *Probleme umwandeln*

Lama Zopa Rinpoche und Kathleen McDonald, *Heilsame Furcht*

Landaw John, Weber Andy, *Bilder des Erwachens. Tibetische Kunst als innere Erfahrung*

Landaw Jonathan, *Prinz Siddharta. Das Leben des Buddha*

Lati Rinpoche und Elizabeth Napper, *Bewusstsein und Erkenntnis im Tibetischen Buddhismus*

Mackenzie Vicki, *Die Wiedergeburt. Ein tibetischer Lama kehrt zurück*

Mackenzie Vicki, *Im Westen wiedergeboren*

Murdoch Alison, *16 Leitsätze für ein glückliches und sinnerfülltes Leben*

Pabongka Rinpoche, *Befreiung in unseren Händen, Band 1*

Pabongka Rinpoche, *Befreiung in unseren Händen, Band 2*

Tsongkhapa, *Der mittlere Stufenweg*

Wellnitz Claudia, *Die Dinge sehen wie sie sind*